アドラーに学ぶ　人はなぜ働くのか

岸見一郎

Kishimi Ichiro

JN208749

ベスト新書

617

はじめに

人生においては、決断しなければならないことが度々あります。しかし、その決断のすべてが重大であるわけではありません。例えば、昼食に何を食べるかというようなことであれば、どう決断しても人生に大きな影響を与えることはありません。

しかし、決断を先延ばしすることで、深刻な結果を招くことがあります。例えば、最近体調が悪いのに、一度病院に行こうと思いつつも、日々の生活に追われて受診を先延ばしにしていると、ある日突然激痛に襲われ、救急車で病院へ運ばれることになるかもしれません。このようなことになるのは、重大な決断を迫られていると認識していないからです。

すぐに決めなくていいと思って、決断を先延ばしにしてしまうことがあります。本書で考察した「働くこと」についていえば、ある日突然、職を失うようなことが起これば、すぐに次の仕事を探し決断を下す必要があります。しかし、そのような差し迫った事情がなく、現状にさしたる不満もなければ、仕事を辞めるか転職するかといった決断を迫られることも、なぜ働くのかというようなことを考えることもなく、日々は過ぎていきます。

決断を急ぐ必要がないとしても、「なぜ働くのか」という問いには向き合わなければなりません。この問いは「なぜ生きるのか」という問いでもあるからです。「なぜ働くのか」という問いは生きていく上で避けては通れない重要な問題です。考えなくても生きていくことはできますが、よく生きる、つまり幸福に生きられないことになります。

本書が出版された二〇一六年当時は、誰も予想だにしていなかったでしょうが、新型コロナウイルスの感染拡大は、多くの人に「生きること」について考えさせる契機になりました。イタリアの作家パオロ・ジョルダーノは「大きな苦しみが無意味に過ぎ去ることを許してはいけない」と述べていますが（『コロナ時代の僕ら』）、私も働く意味や生きる意味を深く考えないまま、また元の生活に戻ってはいけないと考えています。仕事を辞めるというような大きな決断でなくても、働く意味や生きる意味を問い直し、従前とは違う働き方や生き方を選ぶことが必要です。

人は働くために生きているのではないというと、働かなければ生きていけないではないかと思う人は多いでしょう。実際その通りですが、仕事のためにどんなことも犠牲にしていいわけではありません。一生懸命働いているのに幸福であると感じられないならば、働くことや生きることについて改めて考えてみる必要があります。

あるテレビドラマで、長く裁判官を務めていた人が家具職人になるという話がありました。その人がその決断を父親に話した際、父親が反対することなく、「家具職人になると決めた時、法律を学んだ時と同じくらい胸が熱くなったか」と問うている場面が印象的でした。

胸が熱くなるような決断を下すためには、自分の力を活かして、本当にしたいことをしているかと感じられなければなりません。本書が、忙しい生活の中にあっても立ち止まって働くことや生きることについて考える時のヒントになれば幸いです。

二〇二四年十月

岸見一郎

『アドラーに学ぶ　人はなぜ働くのか』　目次

第三章　職場の対人関係を改善するために

第四章　幸せに生きるためのこれからの働き方

本文デザイン　木村慎二郎

序　よく生きるために働くということ

大学院生だった頃、高校の時の担任の先生（宗教担当）に誘われて、しばらく親鸞《しんらん》の研究会に参加していたことがありました。まだ子どもが生まれる前だったので、妻も一緒に参加していました。

ある日、先生が私に、一体、どんな文脈での話だったのかは覚えていないのですが、先生が師事したある高名な仏教学者の名前をあげ、こんな話をしました。

「その先生が偉かったのは、生涯、どこにも就職しなかったことだ。君も偉い人になれ」

生涯「浪人」だったとも聞きましたが、浪人というのは、進学や就職ができなかった人が、再起を図って準備をするという意味ですから、浪人では偉いとはいえないのではないかというようなことを、その時、思ったことを覚えています。私自身、それまで何度も浪人を経験し、その度に今は本来あるべき人生を生きていないと思ってきたからです。このことについては、やがて考えてみようと思っています。

ともあれ、先生から突如としてこんな話を聞かされ、どこにも就職しない、無位無官という生き方があることを知って驚きましたが、同時にこの先生の言葉は、その後の私の人生を予言していたともいえます。

当時、大学への就職は困難でしたが、他にできる仕事があるとは思えなかったので、いずれはどこかの大学に勤めることになるのだろうと漠然と思っていました。就職は困難であるといわれている哲学を専攻する私の人生を、先生が予言することは決して難しいことではありませんでした。もちろん、同じ大学院の指導教授の講筵《こうえん》に列した優秀な仲間たちは後に大学で教えることになったのですから、哲学だから就職できないというようなことは弁解でしかないのですが。

転機になったのは、在学中に母を亡くす経験をしたことでした。意識を失った母の病床で、生きることの意味は何なのかを徹底的に考え抜きました。常は哲学の文献を読むのですが、病床でできることは限られ、本を読むこともしましたが、もっぱら自分で考え、それをノートに記すなどして過ごしました。半年間の休学後、大学に戻った時はもはや以前の自分ではありませんでした。

大学院を終えると、いくつかの大学で非常勤講師を勤めました。古代ギリシア語の非常勤講師として週に一度、奈良女子大学に通っていた時に、私はオーストリアの精神科医であるアルフレッド・アドラーが創始した個人心理学に出会い、カウンセラーの資格まで取りました。

何事もなければ、ずっと生涯、ギリシア語講師として勤め上げたはずなのに、大学で教える傍ら、医院にカウンセラーとして勤務することになるとは思ってもいませんでした。私のこの頃のことを知らない人の中には、私が働くことについて本を著わすことを意外に思う人もあるかもしれませんが、結局、医院を退職するまでの三年間は、働くことについて学ぶには十分長いものでした。

三十代の頃、私は二人の子どもを保育園に朝夕、送り迎えをしていましたが、娘が小学校に入るのをきっかけに医院で働き始めました。三年後仕事を辞めてからしばらく経った時に、ある日、ふと娘がこんなことを呟いたことに打ちのめされる思いがしました。

「お父さん、あの頃、どこに行ってたの?」

娘にしてみれば、まだ娘が寝ている早朝に職場に出かけ、娘が寝てから帰宅する私は不在だったわけです。私はこの娘の何気ない言葉に、働くということの意味を見直さないわけにはいかなくなりました。

本書においては働くということについて、まず、第一章では、人は何のために働くのかという問いを考えてみます。第二章では、退職してからの人生が長く、働かなくなってからのことまで考えないといけない今の時代に、働くことの意味をどう見るかについて考えます。続く第三章では、職場での対人関係の問題を取り上げます。上司、部下それぞれの立場で、相手の言動の目的が見えれば、職場での対人関係は風通しのよいものになります。最後の第四章では、幸せになるためにはどんな働き方をすればいいかについて考えてみます。

どの章においても、働くことの意味を職場で働くという狭義ではなく、活動、さらには生きることと同義で考察しようと思います。

第一章

なぜ働くのか

第一章では、人はなぜ働くのか考えてみます。日常の生活ではこのような問題を改まって考えることは少ないかもしれませんが、生きることが働くことを離れては考えられない以上、一度はしっかりと考えてみる価値はあります。

働くことが当然とされているが

もしも何もしなくても必要なものがすべて手に入るというのであれば、働かなくてもいいでしょう。その場合、怠惰であることが徳であり、勤勉が悪徳ということになります。しかし、実際には、何もしなければ必要なものを手に入れることはできないので、働かないわけにはいきません。そうであれば、勤勉が徳であり、怠惰であることは悪徳であることになります。

たしかに、働かなければ必要なものを手に入れることはできず、したがって、生きていくことはできないので、働くか働かないかという選択肢は初めからありません。生きていくためには働かないわけにはいかないのです。

だからこそ、病気や怪我《けが》で入院し一時的でも働けなくなると、一日でも早く退院しなければならないと思いますし、病気や事故のために収入が減った時のことを考えて、保険をかける人もいます。年金問題に大きな関心が向けられるというのも同じ理由です。

このように、人は働かなければ生きていけないので、働くことは人間にとって本来的なあり方だと考えられています。勉強も後に社会に出て働くためにするものであり、学校を卒業後、働かないという選択肢はないと考えられています。働くか働かないかという選択肢は初めからないというのは、「事実上」選択肢がないということであって、誰でも働くということが前提になっています。

働けない人

それでは、働かないということを自分で選んでいるわけではないのに、病気や高齢のために働けないということについては、どう考えればいいのでしょう。このような人は生きていくために、必要なものを手に入れるために働けないので生きていてはいけないのかといえば、もちろんそんなことはありません。

自分を安全圏に置き、つまり、自分自身のことは棚に上げて、働くとはどういうことなのかと考える人であれば、働けない人は生きていてはいけないというようなことをいいます。延命措置などしてもらわなくてもいいと勇ましいことをいう人もありますが、いざ自分自身が老いたり、病気になったりして働けなくなった時に、もはや生きていなくてもいいといえるかというと疑わしいものです。

そもそも、今は若くて病気でもないので働ける人でも、かつて赤ちゃんだった時には働けず、生きるためには親の全面的な援助を必要としていたはずなのです。だからといって、赤ちゃんは生きていてはいけないと考える人がいるとは思いません。

赤ちゃんの場合は、今は働けないけれども、いずれ働けるようになるので、今働いていなくても生きることが許されるのでしょうか。病気の場合も、一時的に働けないけれども、回復すればまた働けるようになるのであれば、当面は働けなくても許されるのでしょうか。

しかし、それなら回復の見込みが薄い重病であれば、生きていてはいけないかといえば、そんなことはありません。

働くために生きるのか、生きるために働くのか

もしも人が働かなければ生きられないのであれば、最初に見たように、勤勉であることが美徳であることになりますから、生きていけないので働くということを超えて、必要以上に働くワーカホリック（仕事中毒）な人も、間違った生き方をしているどころか、そのような生き方は望ましいことになります。

自分で求めてそのような生き方をしているのであれば、自分の意思なので、他者がそのような生き方を批判することはできません。しかし、自分の意思ではなく、過酷な労働環境で働くことを余儀なくされているというのであれば、話は別です。

ここではワーカホリックな生き方が自分の意思で選択されている場合を念頭に置いているのですが、働くことが必要であっても、働くことが生活のすべてになってしまっているように見える人がいれば、人は働くために生きているのではなく、生きるために働くのだといいたくなります。

働くことが生き甲斐《がい》だといえば聞こえはいいですが、人間らしく生きることまで犠牲にして働くのはおかしいと思う人は多いでしょう。

よく生きるために働く

ここで私が人は「働くために生きる」のではなく、「生きるために働く」といった時の「生きる」は「生存する」という意味ではありません。古代ギリシアの哲学者プラトンは、「大切なことはただ生きることではなく、よく生きるということである」と『クリトン』の中でソクラテスに語らせています。

この対話篇の中では「よく」の意味がはっきりとは定義されておらず、「正しく」あるいは「美しく」という言葉に置き換えられていますが、意味はともかく、ここでいわれているのは、ただ生きることにだけ汲々《きゅうきゅう》とするのではなく、あるべき生き方を目指さなければならないとソクラテスはいうのです。

ソクラテスの言葉を引くまでもなく、生活がどんなに厳しいものであっても、それで満足しているわけではありません。

人はよく生きることを願っているのであり、働くのもただ生存するためではなく、よく生きるためであるというのが、「生きるために働く」ということの意味です。生存のために働くことにだけ汲々とするのではなく、よく生きることを目的に生きてみたい。そのためにはどうすればいいのか。さらには、生きる喜びを感じることができるのかどうか。働くことが生きる喜びとどう関係しているのか。考えなければならない問題はたくさんあります。

人生の課題

人生には取り組まなければならない「仕事の課題」「交友の課題」「愛の課題」という三つの「人生の課題」があるとアドラーはいいます。いずれの課題も、それだけを独立して解決することはできず、各々の課題を解決するためには、他の二つの課題も解決できていることが前提です。

人間はこの地球において、限りある資源、気候、風土という条件下、生きていくためには働くことが必要です。アドラーは「地球から生活を勝ち取る」といっています（『人生の意味の心理学（上）』）。

人間はこの地球でたった一人で生きているわけではないので、他者に関心を持ち、その他者と協力していかなければなりません。このような他者との結びつきのことを、アドラーは「交友の課題」と呼んでいます。

分業に必要な協力

「仕事の課題」を解決する最善の方法は、この「交友の課題」を解決することです。「生活を勝ち取る」ことは一人ではできないので「分業」することが必要です。分業が可能になったのは、人類が協力することを学んだからですが、この分業を可能にする協力は「交友の課題」なのです。

分業という時、その意味は狭義には各人が得意な能力を活かし、仕事を分担するということです。協力ということをこの意味に限定する時には、「交友の課題」は友人との付き合いという意味にはなりません。あるプロジェクトを遂行するために、チームを組んだ人は、ことさらに親しくはなくても仕事をすることはできます。それどころか、嫌な人ともチームを組めないわけではありません。作業の分担をするという意味での分業であれば、誰とでも仕事をすることはできます。

この人と一緒に仕事をしたいか

しかし、仕事をより普通の意味で「交友の課題」という時には、この人と一緒に働きたいかということが重要な問題になります。

私の場合は、本を書くという仕事をしていますが、この仕事のためには多くの人の協力が不可欠です。とりわけ編集者との協力が重要になってきます。編集者としての才能があることはいうに及ばず、この人となら一緒に仕事をしたいと思える人でなければ、書くこと自体は私の仕事であっても、完成まで気持ちよく、楽しく仕事をすることはできません。この場合、作家と編集者の関係は交友の課題です。

私がしているカウンセリングの仕事も交友の課題です。友人が困っていれば、当然、何とかして力になりたいと思うでしょう。カウンセリングの場合も、友人として力になりたいといつも思っています。

他者の労働によって生きる人

先に病気や高齢のために働けない人について見ましたが、そのような事情がないのに働かない人の問題をアドラーは論じています。

そのような人は自分では他者に貢献しないで、他者の労働によって生きています。何かの問題に直面した時にも、他者が自分の問題を解決することを期待し、そのことを当然のことと見なします。

そのような働こうとしない人の多くは、幼い頃は他者から与えられることを当然と見なしていた「甘やかされた子ども」として育ちました。そのような人からは多くの人は離れていくでしょうし、次に見る「愛の課題」においてもよい関係を築くことは難しいでしょう。

「愛の課題」の解決のために

異性との関係をアドラーは「愛の課題」と呼んでいます。人類が継続するかどうかは、異性に近づき、性の役割を成就することにかかっているとアドラーはいっています。この「愛の課題」も、それだけが独立して解決されることはありません。

愛、そして結婚の課題を解決するためには「共通の善に貢献する仕事と、他者とのよき友好的な関係が必要」（前掲書）です。

仕事が共有の善に貢献するというのはどういうことなのかは後に見ることにして、ここでは「愛の課題」の解決に仕事と他者との友好的な関係が必要ということにだけ注目しておきます。

なぜ他の二つの課題を解決することが必要かといえば、愛する二人が仕事もしないで、他の人との交友を避けていれば、他者との関係の中で孤立してしまうからです。

愛の本質は働くこと

ドイツの心理学者であるエーリッヒ・フロムは、
「愛の本質は、何かのために『働く』こと、『何かを育てる』ことにある。愛と労働とは分かちがたいものである」（『愛するということ』）
といっています。
花が好きだといっている人が、もしも花に水をやるのを忘れるようであれば、そのような人が花を愛しているといっても、誰も信じることはできません。
「愛とは、愛する者の生命と成長を積極的に気にかけることである。この積極的な配慮のないところに愛はない」（前掲書）
人は何かのために働く時、その何かを愛するのであり、他方、何かを愛する時、その何かのために働くのです。

分業としての労働

アドラーは、靴を作ることを引き合いにして、靴を作ること、働くことが「劣等感を緩和する」といっています。ここでいきなり「劣等感」という言葉を聞いてもすぐにはその意味はわかりません。また、それと働くこととどう関係するのかもわかりません。

アドラーは次のようにいっています。

「誰かが靴を作る時、自分を他者にとって有用なものにしている。公共に役立っているという感覚を得ることができ、そう感じられる時にだけ、劣等感を緩和できる」（『生きる意味を求めて』）

誰もが靴を自力で作れるわけではありません。靴を作れても、靴を作る以外にもすることはたくさんありますから、靴を作るためだけに時間を費やすわけにはいきません。

そこで、通常は自分では靴を作らず、靴を作る技術を持った人が作った靴を買って履くことになります。当然、靴作り職人も自分では作らないものが必要な時は、それを作った人から手に入れることになります。

靴作り職人は自分が必要とする靴を作るだけではなく、自分では履かなくても靴を必要とする人のために靴を作ります。この時、靴作り職人は、靴を買った人にとって「自分を有用なものにしている」のであり、靴を作ることで「公共に役立っているという感覚」を得ることができます。

劣等感の緩和としての労働

ここでアドラーが、「誰かが靴を作る時、自分を他者にとって有用なものにしている」という時、靴を作る人が靴を必要な人に靴を供給するということ以上のことを念頭に置いています。

靴を作ることで「自分を他者にとって有用なものにしている」という意味はわかるでしょう。自分では靴を作らない他の人にとって、靴を作る人は、自分のために靴を作る「有用な人」です。

靴を作った人は、他の人のために靴を作ることで「公共に役立っているという感覚」を得ることができます。この「公共に役立っているという感覚」は、アドラーが他の箇所で使っている「貢献感」という言葉に置き換えることができます。

この「貢献」についてアドラーは次のように説明しています。

「私に価値があると思えるのは、私の行動が共同体にとって有益である時だけである」

(*Adler Speaks*)

この「価値があると思える」ことが先の引用では、「劣等感を緩和できる」といわれています。後者は消極的な表現ではありますが。「価値があると思える」ことの反対が、自分には価値がない、あるいは、価値が劣っていると感じることです。一言でいえば「劣等感」です。

自分に価値があると思えたらどうなるか。アドラーは次のようにいっています。

「私は自分に価値があると思える時にだけ勇気を持てる」（*ibid.*）

対人関係の中に入っていく勇気

価値があると思えたら、勇気を持てるのです。ここでいわれる「勇気」というのは、対人関係の中に入っていく勇気のことです。

対人関係の中に入っていくのに、なぜ勇気が必要なのでしょう。人と関われば、何らかの形で人との摩擦を避けることはできないからです。傷つけられたり、嫌われたり、裏切られたりするかもしれません。自分も他者を故意でないとしても傷つけることは当然ありえます。このようなことを恐れる人には、対人関係の中に入っていくには勇気が必要なのです。

そこで、アドラーは、

「すべての悩みは対人関係の悩みである」（『個人心理学講義』）

といっています。

しかし、他方、生きる喜びや幸福感も対人関係の中でしか得ることはできないというのも本当です。人は一人では幸せになることはできないのです。これは一人暮らしでは幸せになれないという意味ではなく、人は他者との関わりの中でだけ幸せになれるということです。結婚しようと決心したのは、この人とならきっと幸せになれると確信したからのはずです。

対人関係の中に入っていかなければ幸せになれないのであれば、何とかしてそこに入っていく勇気を持たなければなりませんし、対人関係から逃げようとしている人があれば、そこに入っていく援助をしたいのです。そのためには、自分に価値があると思えなければなりません。どうすればいいでしょうか。

分業から幸福へ

先に引いたアドラーの二つの引用を並べてみます。

「私に価値があると思えるのは、私の行動が共同体にとって有益である時だけである」(*Adler Speaks*)

「誰かが靴を作る時、自分を他者にとって有用なものにしている。公共に役立っているという感覚を得ることができ、そう感じられる時にだけ、劣等感を緩和できる」（『生きる意味を求めて』）

靴を作る人は、「靴を作る」という「行動」によって共同体にとって有益であることができ、自分が「公共に役立っているという感覚」、即ち、「貢献感」を持てるので、「劣等感を緩和」でき、自分に「価値がある」と思えるのです。

そして、自分に価値があると思え勇気を持つことができれば、対人関係の中に入っていくことができます。対人関係の中では、何らかの摩擦が起こることはおそらくは避けることはできませんが、先に見たように、まさにその対人関係の中で生きる喜びを感じ、幸せになることができるのです。

アドラーは「労働の分業」を「人類の幸福の主たる支え」であるといい、そのようなことができるようになったのは、人が協力することを学んだからに他ならないといっています（『人生の意味の心理学（上）』）。

これだけを読むと、アドラーが、なぜ労働の分業が「人類の幸福の主たる支え」であるといっているのか、その意味は判然とはしませんが、分業についてのアドラーの発言に照らすと、その意味は明らかです。

即ち、靴を作るというような分業をすれば、靴作り職人は自分を共同体にとって有益にすることができ、そうすることで貢献感を持つことができれば、自分に価値があると思えます。

自分に価値があると思えた靴作り職人は、対人関係の中に入っていく勇気を持て、対人関係の中に入っていけば、生きる喜びを感じ、幸せになることができます。先に見たように、人は他の人との関係の中で生きているので、他者との関係を離れた自分だけの幸福は本来的にありません。同じことは他の職人にも当てはまります。

このような労働の分業によって、人が持っている多くの異なった能力を「共通の幸福」のために用い、それに貢献することができるとアドラーはいっています（前掲書）。幸福は自分だけの幸福を超えて、他者と「共通」のものになるのです。右記の引用では、「人類の幸福」となっていました。

自分に価値があると思えるために働く

人は一人ではすべてのものを作り出すことができないので分業するだけでなく、また、ただ生存するためにだけ働くのでもありません、アドラーは働くということについて、それ以上のことを考えていたことがわかります。

人は何のために働くのか。働くことで人は自分の持っている能力を他者のために使い、他者に貢献するのです。他者に貢献すれば貢献感を持つことができ、そのことで自分に価値があると思えるのですから、働くことは自分のためでもあるのです。

見方を変えれば、仕事をしていても貢献感を持てず自分に価値があると思えなければ、働くことには意味がないことになります。これがどういうことなのかは、少しずつ考えていきます。

仕事の課題から交友、愛の課題へ

こうして、自分に価値があると思えれば、対人関係の中に入っていく勇気を持つことができます。「仕事の課題」は仕事だけで完結するのではなく、まして、「仕事の課題」だけが突出して重視されるのはおかしいのです。

このように考えると、人は働くために生きているのではないことになります。むしろ、人は生きるために働いているのであり、そのようにいう時の「生きる」というのは、対人関係の中で生き、幸せに生きるという意味になります。対人関係の中に入っていく勇気が持てるよう自分に価値があると思えるために働くのです。

この対人関係が、「交友の課題」「愛の課題」です。自分に価値があると思えれば、交友、愛という対人関係の中に入っていくことができるわけですが、「仕事の課題」がそのことを可能にするという時、働くことは生計を立てるという狭い意味ではないことがわかります。


自分に価値があると思えない仕事に意味はない

このように考えると、自分に価値があると思え、対人関係の中に入っていくことが働くことの目的であるといえます。だとすれば、貢献感を持てない仕事をすることには意味がないことになります。しかし、これは貢献感を持てる仕事とそうでない仕事があるという意味ではありません。このことについては後に見てみます。

さらに、上司から絶え間なく叱責され、そのため自分に価値があるとは感じられなくなるというようなことがあるとすれば、一体、何のために働いているのかわからなくなります。

とはいえ、貢献感を持てるはずの職場でもこのような上司はいるものです。そのような上司にはどう対処すればいいのかは第三章で詳しく見ます。

イエスは「人はパンだけで生きるものではない」（『マタイによる福音書』）といっています。これは、仕事の価値を貶《おとし》めた言葉ではありません。たとえ、仕事をすることが生計を立てるために必須であるとしても、それが働くことの目的のすべてではないということです。働くことの本来的な目的が見失われることがあってはいけません。

幸せに見えない

就職したばかりなのに五月に早くも仕事を辞めた若い人がいました。退職を決心した理由はいくつもありました。彼はそれまで学校の勉強や入学試験などでは一度も躓《つまず》いたことがなく、順風満帆《じゅんぷうまんぱん》な人生を送ってきました。もしも思うような成績を取れず、受験でしくじるというような多くの人が経験する挫折をしたことがあれば、自分がこれから何をするのか考え、迷いながらも、自分で自分の人生を決めたはずです。

そんな彼にとって入社早々飛び込み営業をさせられた時の失敗は人生で初めての挫折でした。もとより上司も初めからうまくいくとは思ってはいなかったのでしょうが、彼にとっては思いがけず大きな痛手になりました。

この失敗はもはやこの会社では働けないと思わせるほどのものでしたが、実は退職を決心させたのは、この出来事だけではありませんでした。先輩や上司を見ていたら、少しも幸せそうに見えなかったからなのです。

働くことの本来的な目的を考えれば、彼の決断は正しかったといえます。彼が入った会社は、世間では一流と呼ばれるところではありました。そこで一生懸命働けば、三十歳ともなればマイホームが建ったかもしれませんが、四十歳になれば墓が建ったかもしれません。

退職して故郷に帰った彼はしばらくゆっくりと過ごすつもりでいましたが、起業した友人と一緒に仕事をするといって、再び家を出て行きました。しかし、今度は初めて自分で自分の人生を決めたのでした。

自分にしかできない仕事はない

仕事をすることそれ自体が重要なのではありません。仕事をすることで貢献感を持ち自分に価値があると思えるのであれば、「この仕事しかできない」とか、「私しかこの仕事はできない」というふうに考え、特定の仕事に固執する必要はないことになります。

失恋した時には、「私でなくてもよかったのだ」と思い知らされ、選ばれなかった自分には価値がないと思って絶望しますが、仕事に関しては自分でなければできない仕事はありません。

失恋した人でも、失恋した時点では二度と立ち直れないほどの痛手を受けたと思っていても、実際のところは、早く立ち直れることがあります。仕事も自分でなければできないと思っていても、今している仕事を続けられないと思えるようなことが起こった時、いつまでも他の仕事に就くことができないということはありません。この仕事しかできないと思っているうちには、新しい仕事についての展望は開きません。

初めて常勤の仕事に就いた時

私は四十歳になって初めて常勤の仕事に就きました。ある精神科の医院に、カウンセラーとして就職したのでした。それまで一度も常勤の仕事をしたことがなかったので、就職が決まった時は、ようやく一人前になれたような気がしました。

もちろん、それまでも非常勤ではありますが、仕事をしていなかったわけではありませんし、常勤の仕事が非常勤の仕事よりも優れているわけでもありませんから、このように思うことは本当はおかしいのです。

父は毎年四月になると「今年は仕事に就いたか」と電話をかけてきました。その度に、父はいつまでも就職しない私に苛立ちました。毎年同じいざこざが起きるのですが、常勤の仕事に就いたといえば、父はきっと喜んでくれるだろうし、もはや父ともめることはなくなるだろうと思いました。

そこで私は喜び勇んで仕事を始めたのですが、問題が起こりました。カウンセラーとして就職したのに、午前中は医院の受付の仕事をすることになったからです。受付の仕事が嫌だったわけではありません。ただ、受付の仕事が私に向いているとはとても思えなかったので、私よりも適任の人がいるに違いないと思ったのです。こんなことがあって、私はすぐにこの職場では自分の力を発揮することはできないと思いました。

しかし、私は、ようやく定職に就いたのに、すぐに退職するわけにはいかないと思いました。就職したのにすぐに辞めたら人からどう思われるのかを気にかけていましたし、誰よりもそのことを私自身が許せなかったのです。

辞めるに辞められなかった

しかし、人からどう思われるということとは関係なく、もしも仕事に向いていないと思えば、ただ一言「辞める」といえばよかったのです。もちろん、そういったからといってすぐに認められるとは限りませんが、言い出さなければ意思は伝わりません。それなのに、私は辞めたいと言い出すことができず、まず私は病気になりました。辞めるかどうかは私しか決めることができないのに、「仕事は続けたいのに、病気のせいで続けられなくなった」と思いたかったのです。

このように思ったのは後になってからで、その時は一向によくならないので、ひょっとしたらこの病気は心因的なものではないかと疑うようになりました。しかし、病気が心因的なものではなく、本当の（というのも変な表現ですが）身体の病気であることもありえたので、職場の上司の勧めもあって、病院に行きました。

しかし、診察の結果、「原因不明」と医師からいわれました。この医師の言葉に、まずは安堵《あんど》しましたが、原因不明ということは身体の不調を治す術《すべ》がないということですから、私は途方に暮れることになりました。医師は私に「カウンセリングを受けなさい」といいたそうでした。「私は実はカウンセラーなのです」と答えなければならなくなる前に私は病院を後にしました。

原因不明といわれたことを上司に報告したところ、上司は手のひらを返したように、体調を崩したのは気合が入っていないからだと私を非難し始めました。休みの日に翻訳の仕事をしているから本業がおろそかになっているというのです。「休みの日にゴルフをするのだったらいいのですか」とたずねたら、「ゴルフなら問題ない」といわれました。ゴルフであればリフレッシュできるということだったのでしょう。しかし、私は到底納得できず、休日に何をしても勝手ではないかと思いました。ここは私がいられる場所ではないと確信しました。

決断力を持とう

今は私が若かった頃とは違って転職することはそれほど珍しいことではなくなっています。今の自分の仕事が自分には向いていないと思ったり、この仕事やこの職場では自分の力を発揮できないと思ったりした時に、仕事を辞めて新しい仕事を始めたり、職場を変えたりすることは容易になっています。

親からは仕事を変えるということをいうと、「飽きっぽい」などといわれるかもしれませんが、「飽きっぽい」のではなく「決断力」があると見てもいいのです。今している仕事が自分にとってふさわしいものではないことを見極め、違う仕事をしようと決断ができることは、そのような決断ができないままに、心ならずも仕事を続けるよりもはるかに望ましいと思います。

私が教えている看護科のある高校には中学校を卒業して看護師になることを目指して生徒が入学してきます。私は入学してから四年目、看護専攻科一年生のクラスで心理学を教えています。年齢でいえば、大学一年生と同じです。

最初は親や教師の勧めもあって、看護師を目指して勉強に励みますが、はたして自分は看護師に向いているのかと悩み始める生徒がいます。

これはある意味やむを得ないことだと私は思います。志を持って看護師になると決めて入学した生徒の方が少ないかもしれません。将来、資格を取れるからというようなことをいわれて入学した生徒もたしかにいて、そのような生徒は決して簡単とはいえない看護の勉強についていけなくなります。

学力が足りないのでも、努力が足りないのでもありません。モチベーションの問題なのです。「本当に私は看護師になりたいのか」と自分に問うて、それに対して答えが「なりたい」であれば、看護師を目指して学び、時に困難に遭遇することがあっても乗り切れます。しかし、「自分がなりたいのは看護師ではない」という結論に達した生徒は別の進路を目指していいのです。相談を受けたら、いつもそのように助言してきました。

自分を活かすための転職

話を戻すならば、私はといえばこのような「決断力」がなかったので、病気になっても辞めることができないまま仕事を続けていました。そんなある日、今度は勤務先の医院からの帰り道、階段を踏み外し、足を捻挫《ねんざ》してしまいました。翌日、松葉杖をついて出勤しましたが、そんな状態で働かせるわけにはいかないと上司にいわれ、主治医の指示通り、三週間休職することになりました。

休む前は、私は自分がこの医院にとっての生き字引的存在であり、私がいなければこの職場は回らないと思っていました。ところが、私の休職期間中、何の問題もなく、医院が運営されていることを知り、ようやく退職する決断をすることができました。

仕事を辞めるのは仕事への興味を失い、情熱を持って打ち込めなくなるからだけではありません。もちろん、仕事への興味を失ったために仕事を続けられなくなる人もいるでしょうが、もっと積極的な意味で仕事を辞め、転職する決心をしてもいいのです。自分の力を活かすことで、貢献感を持てる仕事をしなければ、自分に価値があるとは思えません。自分の力を活かせない職場にい続ける意味はありません。

初めからどんな仕事かはわからない

これからする仕事がどんなものかは、実際にその仕事を始めてみないとわからないというのも本当です。教員養成課程のある大学に入学した私の友人の母親が、子どもの合格が決まった時、「これで娘の人生は決まった」というのを聞いたことがあります。

おそらくは、四年後に大学を卒業し、教員採用試験に合格した後は、小学校か中学校に就職すれば安定した人生が待っているというようなことなのでしょうが、人生がそんなふうに自分の思い通りになるものではないことは多くの人が経験していることです。

人生についてだけではなく、自分の仕事についても、それがどんな仕事なのか、あるいはどんな環境で働くことになるかというようなことについてはすぐにはわかりません。それなのに、わかっていると思っている人は、複数の会社の内定が取れても、もっといい会社があるのではないかと考えて、なかなか決めることができないのです。

私は大学生の時に中学校、高校の教員免許を取りました。教育実習にも行きましたし、塾で教えたこともありますから、中学校や高校で教えるということがどんなことなのか、まったく想像がつかないわけではありませんでしたが、とうとう教壇に立つことはありませんでした。

私が教員免許を持っているにもかかわらず教師にならなかったのは、教師になるためには生徒に対して大きな声を出せなければならないと思い込んでいたからです。

しかし、冷静に考えれば、私が出会った先生が皆、大きな声を出す威圧的な人だったわけではありません。就中《なかんずく》、私が高校生の時に出会った先生は、決して大きな声を出しませんでしたし、生徒とは対等の関係を築いていましたから、その先生の生徒との関係をモデルに据えていれば、私はずいぶんと違った人生を送ることになったのではないかと今も思います。

向いているかいないかはわからない

高校を卒業して間もなく街で中学校の校長先生に会いました。先生は「一度遊びにいらっしゃい」と私に声をかけました。今から思えば、これはただの外交辞令で、本心からの言葉ではなかったかもしれませんが、その時の私は嬉しくて、先生に会って間もなく先生の家を訪ねました。

何を話したかは幸か不幸か、今となってはほとんど覚えていませんが、先生の言葉で一つだけ覚えていることがあります。私が小柄なのを見て先生はこういいました。

「君は商売人には向いていない。もっと身体が大きく、がっしりしていなければ、商売人の仕事はできない。何といっても押しが強くなければね。君ではだめだ」

一体、どんな話の流れでこんな話が出てきたのかは思い出せないのですが、先生がよくこんなことを自信たっぷりにいえたものだと思います。商売人という古めかしい言葉が具体的にどんな仕事を指しているかをたずねる気にもならないほど、がっかりしたことだけは覚えています。

私は以前から父のように会社に勤めることはないだろうと漠然と思っていたので、図星を指されたようにどぎまぎしてしまいました。人生の負け組だと宣告されたような気もしました。普通の人のような生き方はできないといわれた気がしたからです。

しかし、この話とて、今になって思えば、先生がいう商売人がどんな仕事なのかを私が知っていたとは思わないのです。それなのにがっかりするのは、おかしいのです。私の父は営業の仕事をしていましたが、特別に大柄でもなく、押しも強くはありませんでした。押しが強いことは、営業の仕事にはむしろ必要がないことであり、そうでない人の方が営業の仕事に向いているのではないかと今は思います。本当に、大柄でないと駄目なのか、押しが強くないと無理なのか、調べようとも、他の人にたずねようともしませんでした。

自分が仕事の内実を変える、職場を変える

さらにいえば、たとえ自分が始めた仕事が自分の思い描いていたものとは違っていたとしても、落胆することはありません。子どもに教えるという熱い理想を持って教員になったのに、理想とは程遠い現実に直面して、教師としての適性がないと諦める必要はありません。もしも教師はこうあるべきだという自分の考えが正しいと思うのであれば、自分が現実を変えていく努力をすればいいのです。理想を現実に合わせるのではなく、どうすれば現実を変えていけるのかを考え、そのことを可能にするための方策を考えていくことが最初にしなければならないことです。「どうせ何をしても変わらない」というのは、変える努力をしない言い訳でしかありません。

仕事も、そこで仕事をする職場も、それに合わせて自分が受動的に入っていく場所ではありません。自分もまた仕事のあり方や職場の環境を変えていくことができますし、そうする責任があるわけです。会社という組織に自分を合わせなければならないわけではないのです。

第三章で見ることになりますが、ここで会社という組織という時、職場での対人関係を問題にしています。もしも上司の部下への対応が理不尽であるとか、部下の考えが間違っているなどという場合、そのことを看過してはいけないのです。自分の考えを主張してみても受け入れられるかはわかりませんが、それでも主張しなければなりません。

もしも不満があるのに何も主張しないとすれば、そのことにはわけがあります。そのことについては第二章で見ることにしましょう。

自分にしかできない仕事もある

先には自分にしかできない仕事はないと書きましたが、他方、自分にしかできない仕事があります。より正確にいえば、どんな仕事であれ、自分にしかできない仕方で取り組むことができます。

私は息子が生まれ妻が育児休暇に入った時、いくつかの学校で非常勤講師をしていましたが、それ以外にも仕事をしなければと思い立ち、新聞の求人広告を見て仕事を探したことがありました。

広告の中に、海外とのＦＡＸ送受信をできる人を募っていた会社が地元にあることを知り、面接に行きました。担当者は私の履歴書を見ていいました。「大学院を出てるのか。女の子でよかったのに」。採用されませんでしたが、採用するといわれてもこちらから断ったでしょう。

先にも見たように、その後、私は精神科の医院にカウンセリングをするつもりで就職したのですが、実際には、一日の大半の時間は受付業務で終わりました。

電話を受け、来院する患者さんへの対応をすることは私には向いておらず、私が受付の仕事をしなくても、私よりも有能な人がいるだろうと思ったのです。私より受付として有能な人がいるので、私が受付をすることは医院にとっても得ではないと思ったということですが、受付ではない仕事をしたいと思ったというのも正直なところです。

このような場合、自分が与えられた仕事には向いていないと上司に訴えることができたはずですし、そうするべきでした。ですが、その時は、現状を変えることはできないと思い、当面、受付の仕事をしよう、そして、やる以上は受付の仕事を極めようと思いました。一度もしたことがない仕事なのに、あるいは、与えられた仕事に全力を尽くす前から、自分にはこの仕事は向いていないとはいえないと思ったのです。

仕事の価値を知ろう

ある日、こんな話を聞いたことが受付の仕事を見直すきっかけになりました。病院で受付の仕事をしているのは総師長のクラスの人であり、新人の看護師は決して受付の仕事はできないという話です。

病院に行った時、何科を受診すればいいかわからないことがあります。最近こんな不調があるのだけど、何科を受診すればいいかと来院する患者さんにたずねられた時に、的確にたちどころに答えることは容易なことではありません。そのような質問に答えられるためには、病気について知識があることはもちろん、病院の組織や人事についてなど、あらゆることに通じていなければなりません。

そこで、私は気持ちを新たにして、受付の仕事をする以上は徹底的にこの仕事に取り組もうと思いました。慣れないこともあって最初は大変でしたが、そのうち最初は気が進まなかった受付の仕事が、思いがけずおもしろいものになりました。

医院にはよく電話がかかってきますが、名前を聞かなくても声を聞いただけで誰からの電話かわかるようになりました。また、一人ひとりについてどんなことで来院しているのか、今どんな状態なのかを医師にたずねられた時に、カルテを見ないでも答えられるようになりました。

やがて、来院する患者さんが増え、私の他にも受付の仕事をする人が入ってきて、いつも私が受付をすることはなくなったので、声を聞くだけでは誰かはわからなくなりましたが、気が進まないままに受付の仕事をしていたら、仕事のおもしろさを感じられなかったと思います。

こうして、私は当初は受付の仕事は私でなくてもできると思っていましたが、受付をする以上、この仕事を極めようと思ったことで、自分の力に自信を持てるようになりました。電話で声を聞いただけで「誰々さん？」と呼びかけると患者に喜ばれ、医師からは患者についての私の知識を重宝がられたことで貢献感を持つことができたからです。

看護学生によく話すのですが、看護師にとっては病院などで接する患者は、たくさんの患者の中の一人でしかないかもしれません。しかし、患者にとっては、人生において何度もあるわけではない、入院という非日常的な経験の最中《さなか》に接する看護師は、自分の人生を変えることになるかもしれません。そんな自負心を持って仕事に取り組めば、仕事はただ苦しいものではなくなります。

それでも仕事がすべてではない

私は五十歳になって間もなく、心筋梗塞《しんきんこうそく》で倒れ、一ヶ月ほど入院したことがありました。私が非常勤講師として勤めていたある学校に、入院したという連絡をしたところ、すぐに解雇されました。通知はメールで届きました。私はおそらく入院は長引かず、一ヶ月もすれば退院でき、すぐに出講できると返信しましたが、二度と返事がくることはありませんでした。学校側は、すぐに代わりの講師を手配しなければならず、一ヶ月も私の復帰を待てないという判断をしたのでしょう。

私にとって幸いだったのは、どの学校も対応が同じではなかったことでした。やがて病院の中を歩けるようになった時に、別の学校に電話をしたところ、「どんな条件でも必ず復帰してほしい」といわれました。たとえ復帰が半年後になっても、隔週にしか出講できなくてもいいということでした。このようにいわれたことが、闘病の励みになったことはいうまでもありません。実際には、退院した翌月から復帰し、講義を再開することができました。

定年退職をした人が、退職をした翌日も会社に顔を出すことがあります。自分がいないと会社が困るのではないかと思うからですが、私が怪我をして休職した医院が私がいなくてもうまく回っていったように、退職した人はもはや必要とされていないので、出社してみても喜んでもらえません。私は自分が教師として優秀だと自負していましたし、他の人が私に代わって講義をすることはできないと思っていましたが、実際には私ではない教師の方が私より適切に教えることができるということはありえます。

自分でなくても代わりに仕事をする人がいるという現実を認めることは難しいかもしれませんが、この現実を知っていれば、現役で働いている時も、他の重要な人生の課題を犠牲にしてまで、仕事に精を出す必要はないことがわかります。仕事はたしかに人生の中で大きな場所を占め、仕事に向けられるエネルギーと費やされる時間は膨大なので、ともすれば働くことに過剰の関心を向けることになってしまいます。

しかし、それでも仕事は人生のすべてではありません。仕事のために他のどんなことも犠牲にしていいわけではありません。例えば、家族との団らんを犠牲にしてまで仕事をしなければならないとは思いません。

天職

しかし、もしも他の誰も代われない、ただこの私だけにふさわしい、この私だけができると思える仕事があるとすれば、それは「天職」といえる仕事です。

自分の仕事を「天職」といえるかどうかというようなことを考える人は多くはないかもしれませんが、自分がしている仕事は、決して他の人が代わりにできるものではないという意味で天職といえるかを考えてほしいのです。

私は今の世の中で「人材」という言葉が何の思慮もなく使われることを疑問に思っています。もともとは「才能のある人(人才)」といういい意味で使われていたのでしょうが、私にはこの言葉は、他の誰かが代わりうる「材料」という意味にしか聞こえません。人は誰も「材」などではありません。企業が求めるのが「人材」であれば、働けなくなった時、「代わりはいくらでもいる」とたちまち解雇されます。

就職する若い人の方も、自分は何でもできるといって採用されようとします。しかし、内田樹《たつる》が指摘するように「『みんなができることができる』労働者は定義上『いくらでも替えが効く』」（『内田樹の大市民講座』）のです。自分が「材」と見なされることを自分から進んで望む必要はありません。

学生が自分を「人材」あるいは「商品」と見なしているのは、就活の時に皆がお決まりのスーツで面接に臨むことからもわかります。いつかある会社に講演をしに行ったところ、その日はたまたま入社試験の日で、たくさんの若者が面接にきているところに居合わせたことがありました。

一人の学生が自分の個性をアピールしようと思って、民族衣装を着ていました。旅行会社の面接なのですから、決して突拍子もない服装であったとは思わなかったのですが、その会社の人はその学生をちらりと見て、「あの子は絶対受からないからね」と言い放ちました。人とは違うことをアピールしてはいけなかったというわけです。

学生が自分を他の誰にも代えられる人材として差し出すことには企業側の問題もあるわけです。企業は学生に「大学で学んだことはすべて忘れなさい」というようなことをいい、その企業にとって有用なことを新人社員に教え込もうとします。

それにしても、個性を消した誰にも代わりうるような人材にしようとすることは、たとえどこでも行われていることであっても、正しいことかといえばそうとはいえません。

自分の人生を選ぶ

芹沢光治良《せりざわこうじろう》の小説『人間の運命』には、主人公の森次郎が貧困のために悩み苦しみ、ある日海に身を投げて自殺を図ろうとしたところ、大きな力が身体を摑《つか》み、投身を断念したという話が出てきます。それが富士山でした。

とつくにに 死とたたかいし わかき日々 われを鼓舞せし 富岳よ 海よ げにふるさとは ありがたきかな

これは八十四歳の時に芹沢が詠んだ歌です。「とつくにに 死とたたかいし わかき日々」というのは、芹沢が留学先のフランスで結核になり長く療養生活を送ったことを指しています。

芹沢はその間に神の求めに従って作家になる決心をしました。帰国後、留学前に働いていた農商務省への復職は認められず、中央大学に勤めましたが、小説家になる夢は捨てることはできませんでした。『ブルジョア』という小説を書き、総合雑誌「改造」の懸賞小説に応募したところ、一等に当選しました。

ところが、昭和初期の日本で、小説家は社会的に認められていませんでした。義父は「フランスの生活なんて、夢か、あの世のこととして、みんな忘れちまえ」とまでいいました。やがて、朝日新聞に小説が連載されると、中央大学の学長は芹沢を呼び出し、近い将来、教授になることを約束された芹沢が小説を書くことを認めようとはしませんでした。「君、日本では文学や小説が、社会に害悪を流していることが、常識だよ。ペンネームであれ、本名であれ、その張本人が、当大学の教授であることは許されんのだ。この際、君には当大学をとるか、何《いず》れか、はっきりしてもらいますよ」

そういわれた芹沢はためらうことなく、文学の道を選んだのでした。

「やむを得ません。それなら文学の道を選びましょう。ただ、学生への責任上、現に講義している貨幣論は二、三回で終わるので、学年試験をして、採点を終ってから、身を退きましょう」

このような決断を迫られたことがなかった人はいないでしょう。その決断は必ずしも論理的、合理的なものでなく、無謀だと評されることもあるかもしれませんが、私たちは誰かの期待を満たすために生きているわけではないのですから、誰から何といわれようと自分で自分の人生を選びたいと思います。

神様が呼んでいる

アルベール・シュバイツァーは、フランスの神学者、哲学者、オルガニストでしたが、突然、アフリカに行く決心をしました。当時、シュバイツァーはもう三十代でしたが、学者、芸術家として忙しい生活の合間をぬって、アフリカの人を助けるために医学の勉強を始めました。彼が医学部に入ったのは、医学的な興味というより、人道的見地からでした。

シュバイツァーは、神学生だった時、帰省中の床の中で一つの決心に達しました。

「三十歳までは学問と芸術に生きることが許されている、と考えよう。それから後は、人間として直接、人に奉仕する道に進もう」

実際、大学で神学と哲学を学び、神学博士になり、二十六歳で大学の講師になっています。またオルガン演奏ではバッハの研究で名を成し、哲学の分野ではカント哲学の研究にも優れた業績がありますが、先の決心通り、三十歳になった時、赤道アフリカ地方での黒人の窮状を知って奉仕に一生を捧げるべく、医学部に入ります。やがて、ランバレネの水と原生林のはざまに病院を建て、奉仕活動を始めたのです。

シュバイツァーのオルガンの先生だったビドル先生は、なぜ止めなかったのか、とまわりから責められた時、こういいました。

「神さまが呼んでいるらしい。神さまが呼んでいるというのに、私は何をすることができようか」

仕事のことを英語ではcalling、ドイツ語ではBerufといいますが、「神に呼ばれる」とか「神に呼び出される」という意味です。日本語では「天職」といいます。自分の仕事が天職であると思えれば、日々の仕事はただ苦しいものではなくなります。

シュバイツァーが医師になる決心をしたという話を知った時は、私はまだ若かったので、三十歳になってからだとさぞかし大変だと思ったものですが、シュバイツァーと同じ年頃にそれまでの仕事を辞めて、医学部に入学した友人がいました。

その人もまたシュバイツァーと同じように、激務の傍ら受験勉強をしなければなりませんでしたが、人を助けたいという強い思いから医師になることを決心したのでなければ、日々の生活に追われ受験勉強をすることは難しかったでしょう。

その後、実際に受験生の中で最年長で医学部に合格したという新聞記事を読み、喜んだものですが、なぜかその後私はその人のことを忘れてしまっていました。再会したのは、それから十年以上経ったある日のこと。私が勤務していた医院に突然姿を現したのでした。私が若い頃は哲学を専攻していたので、精神科の医院にいるとは思っていなかった友人は驚いたはずです。

天職と野心

フランスの哲学者であるジャン・ギトンが「天職」と「野心」について次のように区別しています。いつもこれは天職なのか、野心なのかを問うことは必要だといいます。「野心は不安です。天職は期待です。野心は恐れです。天職は喜びです。野心は計算し、失敗します。そして成功は、野心のすべての失敗の中で最も華々しいものです。天職は自然のままに身をゆだね、すべてが彼に与えられます」(『私の哲学的遺言』)

天職に身を委ねようとする人も、もちろん自分で決断してその職を選ぶわけですが、決断に際して怖れはなく、期待しかありません。その選択によって失敗するのではないかという怖れもありません。計算することとすらしません。

鶴見俊輔が「重大な決断の底には必ず深いものがあって、知的な命題に換えられないんです」(『同時代を生きて』)といっています。鶴見がここでいう「知的な命題に換えられない」というのは、重大な決断が時に合理的ではないことがあり、人はいつも必ず合理的な決断をするとは限らないということです。

シュバイツァーが医師になる決心をしたのも、芹沢光治良が世間的に見れば安定している公務員という地位や、約束されていた教授という地位を投げうって、作家になる道を選んだというのも、傍から見れば無謀であったり無思慮であっても、本人にとっては意味がある、深い内面からの動機に突き動かされての決断だったのです。

私が哲学を専攻するといった時、父は反対し母にやめさせるようにといいました。母は父の言葉を聞いて答えました。「あの子がすることはすべて正しい。だから見守ろう」。私は母の期待に反して、それまでもその後も正しくないことをたくさんしてきましたが、親が止めても私が決断を翻さないことを母は知っていたのでしょう。

虚栄心としての野心

アドラーは、「野心」について、次のようにいっています。虚栄心や尊大という言葉の代わりに、「美しく響く言葉」として「野心」を使うことがあることを指摘しています（『性格の心理学』）。

ギトンは野心に否定的な意味を持たせていますが、アドラーも野心は「公共に役立つ事柄のために有用とされる限り、認められる」が、通常は並外れた虚栄心を覆い隠しているにすぎないといいます。

シュバイツァーの場合は、医師になろうと志したのはアフリカの人を助けるためであり、ただ自分のためではなかったのでした。

野心は、新しいことに大胆に挑戦する気持ちであるとともに、「野望」と同義で、自分の身の丈以上の分不相応な望みという意味で使われます。田辺聖子の『花衣ぬぐやまつわる……』という小説には、大学に進学したいといった女性が、親類から、それは「虚栄心」だといわれたのに対し、「そうじゃない、向上心」だといったという話があります。大学に進学することがただ虚栄心を満たすためだけであるという人もいますが、「向上心」から大学に進学する人もいます。

虚栄心という意味での野心を満たすために大学に進み、立身出世を目指す人は、勉強が苦しければ勉強をしなくなるかもしれません。しかし、人は個人的な動機だけで勉強するのではありません。

アドラーは、虚栄心のない人はおらず、誰でもいくぶんかはこの傾向を持っていることを認めつつも、虚栄心は「人間に方向を与えてこなかったし、有用な業績へと導く力を与えてこなかった」といっています（『性格の心理学』）。

有用な業績は共同体感覚からだけ生じます。アドラー心理学の鍵概念である「共同体感覚」というのは、その英訳としてアドラーが採用した social interest からわかるように、「他者への関心」という意味です。そして、自分が所属する共同体（これはアドラーの場合、宇宙の果てまでを指しています）を進歩させようという意志があって初めて成し遂げることができます。天才の業績は個人的な自己満足のためではありません。共同体の進歩に貢献すればこそ、価値のあるものになるのです。

天才の業績に限らず、私たちの仕事は常に共同体のことを考え、自分のことではなく、他者に関心を持ってなされなければなりません。その共同体もより大きな共同体のことを考えなければならず、自分が所属する組織にとっては有益なことであっても、より大きな共同体にとっては害悪であることを組織がしていることが明らかであれば、そのことを看過してはいけません。自分のことにしか関心がなく、他者に関心のない人はそのような時も見て見ぬふりをしていて自己保身に走ります。エリートであっても自分のことしか考えないような人は有害以外の何ものでもありません。

内面から促されるもの

オーストリアの詩人、リルケは、自作の詩を送ってきた若い詩人であるフランツ・カプスに、批評を求めるようなことは今後一切やめるように、そして、「あなたの夜のもっとも静かな時間に、私は書かずにはいられないのか、と自分にたずねなさい」と返事の手紙の中に書きました（*Briefe an einen jungen Dichter*）。

詩を書く以上、自分の詩がよいものか気にかかる。詩を雑誌に送り、自分の詩を他人の詩と比べる。編集者に詩が拒絶されると不安になる。そういうことを一切やめるように、とリルケは助言するのです。

「私は書かずにはいられないのか」という問いに対して「私は書かずにはいられない」という返事ができるのであれば、詩を書くように、とリルケはいいます。

「私は書かずにはいられない」は原語ではIch muß schreibenですが、このmuß（英語であればmust）を「義務」と読み込むと「書かなければならない」という意味になり、リルケの意図から離れることになります。「書かなければならない」のではなく、「書かずにはいられない」。書くことが決して外からの強制ではなく、内発的であることを表しているのです。リルケは、「書かずにはいられない」のなら、「生活をこの必然性

(Notwendigkeit)に従って建てなさい」といっています。

リルケは先に問題にした天職に言及して次のようにいっています。

「自分自身の中に入っていき、あなたの生活が生まれくる深みを吟味しなさい。あなたは、その生活の源で、創造せずにはいられないかどうかという問いへの答えを見出すでしょう。その答えを、解釈しないで、聞こえるがままに受け取りなさい。おそらく、あなたは芸術家になるよう呼ばれているということが証明されるでしょう。その時には、その運命を引き受けなさい」(前掲書)

「おそらく、あなたは芸術家になるよう呼ばれている」とリルケがいう時の「呼ばれる」は、先に見たように「神に呼ばれる」ということです。「天職」の原語はBeruf(呼ぶこと)ですから、「芸術家になるよう呼ばれている」とは、「芸術家であることが天職である」という意味になります。

哲学者の中島義道がこのリルケの手紙を引いています。中島は小説を書いていた時期がありました。「毎晩心躍る気持ち」で書いていました。当時、中島を励ましていたのは、リルケの言葉でした。そして、書くことをやめさせたのも、同じこのリルケの言葉でした。私は書かずにはいられないのか、書くことをやめたら、死ななければならないか……。

「私は自分に尋ねた。だが『私は書くことをやめたら死ななければならない』と言うことはできなかった。そして、書くことをやめた」（『働くことがイヤな人のための本』）。

愛する人に喜んでもらうために

若い詩人にこのような手紙を送ったリルケですが、彼自身は、この言葉とは矛盾するように見える経験を語っています。リルケは、ドイツの作家、ルー・アンドレアス・ザロメを愛していました。ザロメが、誰かある男性と情熱的に接すると、九ヶ月後には、その男性は一冊の本を生んだといわれています。ザロメと親交のあったニーチェもリルケも彼女から霊感を受けて本を書き、詩を書きました。

リルケは、ある時、ザロメのために、彼の愛の徴《しるし》として、またよく勉強している証拠として日記をつけ、イタリアの印象を彼女に送る約束をしました。この約束から生まれたのが『フィレンツェだより』です。

このリルケの書簡を翻訳した哲学者の森有正《ありまさ》は、

「仕事は心をもって愛し尊敬する人に見せ、よろこんでもらうためだ。それ以外の理由は全部嘘だ」

といっています（『バビロンの流れのほとりにて』）。

どんな仕事も、それを達成するためには時間もエネルギーも必要であり、その過程においてはつらいと感じるものですが、愛することの喜びはそのつらさを補ってあまりあるともいえます。リルケは、ザロメから霊感を受けて、詩を創り、本を書き上げたのでした。

しかし、もしも愛し尊敬する人に喜んでもらえなければどうなるのかという問題は残ります。

森は、先の引用に続けて、

「中世の人々は神を愛し敬うが故に、あのすばらしい大芸術を作るのに全生涯を費やすことができたのだ」

と書いているので、恋人に喜んでもらうために仕事をするというようなことをここで意図していないのかもしれません。

しかし、神を信仰していても、もともと自分が成し遂げたものの価値を誰かに認められたいと思う人であれば、大芸術を作った人であっても、神に喜んでもらえることを期待したのではないかと思います。

誰かに喜んでもらえなければ、仕事をしないとすれば問題でしょう。喜ばれるかもしれませんが、それはあくまでも結果であって、喜ばれることを目的にしてしまうと、喜ばれないのであれば仕事をしないと思うかもしれません。

私は書かずにはいられないのか。そう自分に問うようにいったリルケが、内面からの強い促しによって書いたのであれば、ザロメから喜ばれることは必要としなかったはずです。

喜んでほしいと思う人でも、相手が喜ぶのを見るのが喜びであるというのであれば、そして、そのことを相手に強要するのでなければ、相手が喜ぶのを見ることで貢献感を持つことができるかもしれませんが、相手が喜ぶのを見なければ行動しないということになれば相手に依存することになってしまいます。

喜んでもらうために何かをしたからといって、実際に相手に貢献したことになるとは限らないことにも注意がいります。実際に相手が喜ぶような貢献ができたかどうかを確かめる必要があります。「あなたのためにした」というような言葉は禁句です。大抵は余計なお世話だからです。

精神科医の神谷美恵子はこのようにいっています。

「愛に生きるひとは、相手に感謝されようとされまいと、相手の生のために自分が必要とされていることを感じるときに、生きているはりあいを強く感じる」（『生きがいについて』）

相手から感謝されることを願うとすれば、承認欲求だといわなければなりません。実際には感謝されないことはあります。感謝されない時にでも自分が必要とされていると感じる時に「生きているはりあい」を強く感じるのであれば、相手から感謝されることが必要だとは思わないでしょう。

人を喜ばせるということ

アドラーはうつ病の患者に、どうすれば他者に喜びを与えることができるかをよく考えるように提案しています。どの患者も実行するのは困難だと答えます。

「自分でも喜びを持っていないのに、どうしてそれを他者に与えることができるだろう」

このような答えが返ってきます。これは治療者の助言を実行することをためらっているということです。これを治療抵抗といいます。アドラーは、ここでどうすれば患者の治療抵抗を軽減できるかについて詳しく論じていますが、今は、なぜアドラーがうつ病の患者に他者に喜びを与えることを課題としたのかを見ましょう。
患者はそんなことはとてもできないといいます。患者がそのように抵抗するのは、他者を喜ばせるどころか、どうすれば誰かを悩ませることができるかということばかり考えているからだとアドラーは考えています(『人はなぜ神経症になるのか』)。
アドラーは、他者を喜ばせるという助言の意味について、次のように説明しています。
「多くの人はいう。『なぜ他者を喜ばせなければならないのか。他者は私を喜ばせようとはしないではないか』
私の努力のすべては、患者の共同体感覚を増すことに向けられる。私は病気の真の理由は協力しないことであることを知っている。そして、私は患者にもそのことをわかってほしい。仲間の人間に対等で協力的な立場で結びつくことができればすぐに治癒する」(『人生の意味の心理学(下)』)
神経症者の治療においては、症状は脇に置き、ライフスタイルを見ること、そして、このライフスタイルを「再構築」することが必要です。患者は他者を喜ばせたことがありません。他者が自分を喜ばせようとはしないのに、なぜ自分が他者を喜ばせなければならないか、と患者は抗議します。

しかし、他者が自分を喜ばせるかは問題とはなりません。それとは関係なく、自分が他者を喜ばせるのです。他者を喜ばせることを始めたら、「自分が役に立ち、価値があると感じられるように」なります（『人はなぜ神経症になるのか』）。

先に見たように、自分が役に立つと感じられれば（貢献感）、自分に価値があると思え、そう思える時にだけ勇気を持てる、つまり、対人関係に取り組む勇気を持つことができるようになります。

アドラーが他者を喜ばせることを助言し、患者がそれに従って他者を喜ばせようと思い、その努力を始める時、そうすることの目標は他者から承認されることではないことがわかります。

自分がしたことで喜んでもらえたら、それだけで貢献感を持てますが、喜ばせたことを相手から認められないといけないと思ったら、喜ばせようという気持ちは承認欲求になってしまいます。

他者から承認されることで自分に価値があると思えるというのではなく、他者が喜ぶという貢献によって自分に価値があると思いたいのです。

家事による貢献感

家事も仕事の一つです。しかも、非常に高度な専門性を要求される仕事です。他の家族のために自分が貢献していると感じられれば、たとえ家族から感謝されなくてもいいはずです。

ところが、なぜ自分だけが家事をしないといけないのかと、家事は本来的な自分の仕事を犠牲にしてまでする行為ではないだろうと思う人がいます。そのように思っていると、夕食後、他の家族がテレビの前でくつろいでいる時に、なぜ自分だけが食器を洗わないといけないのかと、そのことを不満に思ったり、うず高く積まれた食器を前にして、自分が家族のために犠牲になっていると思って涙を流したりします。

しかし、家事は決して犠牲的な行為ではなく、家族に貢献する行為です。家事をすることで家族に貢献することができ、貢献できる自分に価値があると思えるのであれば、たとえ他の家族が手伝ってくれなくても、むしろ率先して家事をしようと思えるようになります。

「貢献感を持てれば、自分に価値があると感じられ、勇気を持てる。そんなことを私だけがしてもいいのだ、本当に私だけがしてもいいの？」と楽しそうに鼻歌交じりで家事をすれば、他の家族は楽しそうに食器を洗っているのを見て、「そんなに楽しいことなら私も手伝おうか」といってくれるかもしれませんし、いってくれないかもしれません。しかし、たとえ何もいってもらえなくても、貢献感があればいいのです。

しかし、後で考えますが、自分がしたことを必ず誰かに認めてもらわないと気がすまないという意味で承認欲求が強い人は、自分がしたことを他者が知っていて、さらにはそのことに感謝されないと許せないのです。

承認欲求はいらない

私は、母が早くに亡くなったので父親と二人で暮らしていたことがありました。もう私は二十五歳になっていましたが、その年になっても料理を一度も作ったことがありませんでした。なぜ作ったことがなかったのかは、今となってはわからないのですが、母は私に家の手伝いをすることなど考えないで勉強することだけを願っていたのかもしれません。昭和の初めに生まれた父も、今はこんな言葉を使う人はないかもしれませんが、一家の大黒柱として外で働いていたので、母が亡くなるまでは料理を作った経験がなかったのでした。そこで、父と二人暮らしになった最初の頃は、毎日父と外食ばかりしていました。

父はその頃、定年間際であったとはいえ（当時は五十五歳が定年でした）、夕食の時は必ず家に帰っていました。勤めていた会社の社長が父の叔父だったのですが、入社した時に社長から「甥だからといって、身びいきはしない」というようなことをいわれたということを父から聞いたことがあります。

もちろん頑張れば、そんなこととは関係なく昇進したかもしれないのに、父は昇進することにはあまり関心がなかったように見えました。今となって思えば、父のような生き方もなかなか潔《いさぎよ》いと思います。父が仕事ができたかどうかはわかりませんが、部下が結婚する時に仲人《なこうど》を頼まれたり、会社のラグビー部の顧問のようなことをしていたことがあって、若い人に交じってラグビーのユニフォームを着て写っている父の写真を見たりすると、楽しそうに見えます。

外食ばかりしていたある日、父が「誰かが作らないといけない」とつぶやきました。父自身はその「誰か」に含まれていないのは明らかでしたが、当時の私は父の言葉を素直に受け取り、私に料理をするように頼んでいるのだろうと理解しました。

こんなことがきっかけとなって始めた料理ですが、やってみると意外におもしろく、もっと早く料理を始めていたらよかったと思いました。後に結婚してからも料理を作ることはよくありましたが、料理を作ることは今も難しく、とりわけ料理以前にメニューを考えることが大変でした。メニューさえ考えてくれたら買い物が楽になると妻に話したら、買い物前にメモを渡してくれた時がありました。今日は考えなくていいと思って、紙を見たら書いてありました。「何でもたくさん」……。

それでも、料理を作ることに貢献感を持てたからこそ、料理を楽しいと思えました。しかし、このようには思えず、貢献感を持てないので不満な人はいます。貢献感を持てなくて満足できないとすれば、家事だけでなく、その人の生活全般においても同じことが起こっているはずです。このことについては後で考えてみます。

家事と外での仕事は比べられない

私はわりあい家事をしてきました。家族の中で誰が外で働くのか、もっぱら家事をするのかはそれぞれの家庭で話し合って決めればいいのです。その際、家事を外での仕事に比べて価値が劣る仕事だと考えてはいけないと思います。

家事代行サービスを利用するというのも、忙しい人にとっては当然一つの選択肢ではありますが、家事を自分でなくてもできる仕事だと見なしたり、家事ではワクワクしないというように決めてかかったりしない方がいいでしょう。今はそのサービスを利用できているとしても、またいつ何時自分で家事をすることになるかわかりませんし、子どもには家事をすることを学んでほしいと思うからです。親が家事は価値が劣ると思っていれば、子どもも家事について同じように考えるようになるでしょう。

昼間は外で働いているのだから、夜、家に帰った時に家事をしたり、子どもの世話をしたりすることなどできないという人は多いものです。ただ、昼間外で働いている人は、昼間は家にいなかったので家事ができなかっただけのことであって、家に帰れば家事をしてもいいのです。家族の誰かだけがするというようなものではありません。そのように考えて、昼間は外で働いていたり、学校に行ったりしている家族にも家事の分担をお願いしてもいいのです。

経済的優位は人間関係の上下には関係しない

専業主婦は夫から養ってもらっているのだから、どうして対等というようなことをいえるのかという人がいて驚いたことがあります。子どもの頃、親に何か要求をした時、文句があるのなら自分で稼げ、親が学費を払っているのだ、養ってもらっている間は文句をいうな、というようなことを親からいわれ、そのことを不満に思った人も多いのではないかと思うのですが、そんなことは大人になったら都合よく忘れるのかもしれません。

そんなことをいわれたら、子どもは仕事に就くまでは経済的に自立することはできないので、親のいいなりにならないといけないことになってしまいます。経済的な自立は人間関係の上下には関係がありません。

私の場合は、幸いといっていいのですが、子どもの保育園の送り迎えをするなど家事に関わり、経済的に優位であったことはなかったのですが、だからといって自分の価値が劣っていると思ったことはありません。

家族の分業

私は結婚した時まだ学生でした。仲人をしてもらった先生の奥様から、「掃除は週に一度でいい」と助言されて驚いたことがあります。妻も私も昼間ずっと家にいるわけではなかったので、できることをしていくしかなかったわけです。

分業することも当然必要ですが、どちらがどのように役割を分担するかは固定的に決まっているわけではありませんから、よく話し合う必要があります。男女によって役割が固定しているわけでもありません。世間の常識にとらわれずに、各自が得意な分野を担当すればいいのです。

大事なことは、家族が分業、協力するのであり、誰かが誰かのために犠牲になっていると思わないことであり、それぞれが家族に貢献しているという意識を持つことです。貢献感があれば、自分がしていることがたとえ誰からも注目されず、承認されることがなくても、不満に思ったりはしないですみます。もしも承認欲求が強く、自分のしたことが他の家族から注目され、認められなければ不公平な気がするというのであれば、たちまち関係は悪くなります。

今日、男女が共に外で働くことはめずらしいことではありません。外で働くことを選択できるというよりも、そもそもそうしなければ生活できないということも多いでしょう。ところが、二人が同じように外で働いていても、男性が家事や育児に協力しないことはよくあり、二人の関係が悪くなることがあります。このようなことはあってはならないと思いますし、分業のあり方についてよく話し合うことはもとより必要ですが、家事が犠牲的な行為だと思っている間は関係は改善しません。家事は家族に貢献することであると思えれば、どちらがより長く家事をしたとかしなかったなどというようなことで、不毛な諍《いさか》いをしないですむでしょう。

仕事においては貢献感を持てることが大切だという話をコンビニでレジを打つ仕事をしている若い友人にしたところ、毎日レジを打っていても貢献感を持てないと反論されました。しかし、自分は時間を売っていると思えば、自分の仕事に対する見方もずいぶんと変わってくるでしょう。深夜に仕事をしている時にボールペンのインクがなくなったり、コピーをする必要が生じたりしても朝まで待たなくていいのはありがたいことです。空腹時もコンビニに走ることができます。コンビニで働くということは、このような必要があって来店する人に貢献することであると思えばいいのです。

子育てをめぐって

三十歳になった時に子どもが生まれました。妻は一年後職場に復帰しましたから、保育園に預かってもらうことにしました。その頃も保育園に入ることは容易ではなく、保育に欠ける状況という条件を満たせなければ、福祉課の審査には通りませんでした。

幸い、息子も娘も預かってもらえましたが、一人で保育園に行けるはずもなく、私がもっぱら保育園の送り迎えをすることになりました。

当時は、今ほど父親が送り迎えをすることはなかったので、息子と一緒の私を見て、道行く人が、なぜ父親が保育園に行くのかとたずねることもありました。話してわかりそうな人であれば説明しましたが、母親が本来保育園に預けずに自分で育てるべきだという当時の常識とも闘わなければなりませんでしたから、大抵は、言葉を濁していました。

そもそも保育園が自分では子どもを見ない親に代わって昼間保育をしていると考えていたように見えました。子どもが何か問題を起こそうものなら、愛情不足だと責め立てられました。

これは本書の主題ではなく、詳しく書くだけの紙幅はありませんが、子どもが保育園で何か問題行動をしてもそのことと愛情不足とは何の関係もなく、保育園での子どもと保育士の対人関係の問題なのです。ですから、親が子どもの保育園での行動について園から責められても親としては何ともすることができないのです。

昨今はネグレクトや児童虐待が問題になっているのをニュースで目にもしますが、一般的には、愛情不足の子どもは今はほとんどいないといっても間違いありません。親についていえば、過保護、過干渉、子どもについていえば、十分愛されているのに、もっと愛されたいと思う愛情飢餓こそが問題なのです。

無理解な保育士さんが多かったのですが、そうした逆風の中、子どもを保育園に預けて働く母親は多く、なかなか思うように登園しない子どもと格闘しているところをしばしば目にすることはありましたが、子育てと仕事の両立は大変なはずなのに、少しも悩んでいるようには見えませんでした。

悩んでいるようには見えなかったのは、子どもの送り迎えをしていた親たちは、子育てと仕事の両面で貢献感を持つことができたからでしょう。この貢献感が仕事の本質です。外で働くことも、家事や子育ても、自分が誰かの役に立っていると思えることで、自分の価値を実感するためにするものです。

仕事もこのように考えると、何をするかは大きな問題ではなく、貢献感を持てる仕事であればいいことになります。さて、あなたは今の仕事で貢献感を得られているでしょうか。

第二章

あなたの価値は「生産性」にあるのではない

第一章で、アドラーの次の言葉を引用しました。

「私に価値があると思えるのは、私の行動が共同体にとって有益である時だけである」(*Adler Speaks*)

私はここでいわれる「行動」は「働く」ことであると見て、働くことで共同体に有益であることができる時に、自分に価値があると思えると読みました。自分に価値があると思える時に、人は対人関係の中に入っていく勇気を持て、対人関係の中においてこそ、生きる喜びを持ち、幸せになることができるのです。

ここで一つ疑問が起きます。自分に価値があると思えるのは、「行動」が共同体に有益である時だけなのかということです。もしもそうであれば、人が老いたり、また、若くても怪我や病気になったりして、身体の自由が利かなくなり働けなくなった時には、もはや他者に有益な行動ができないことになってしまいます。

今の時代は、長生きをすることが可能になってきましたから、定年退職後の人生も長いものになります。いつまでも元気な人がいる一方、老いや病気のために身体の自由が利かなくなると、若い頃のように働くことができずに生きていかなければなりません。そんな時、他者に有益な行動ができないために、自分に価値がなくなったと思う人は多いでしょうが、はたしてそうなのかということを考えていかなければなりません。

本書で私は「働く」ことについて考えていますが、「働かない」ことについて考えることで、働くことの本質が見えてくるのではないかと考えています。

自分の価値は仕事以外でも見出せる

もしも仕事がすべてだと思い込み、自分の価値を働くことにだけ見てきた人が働けなくなった時、深刻な痛手を受けることになります。

反対に、仕事ができなくなった時でも、自分に価値があると思える人であれば、受ける痛手は大きなものにはならないでしょう。

そこで、仕事ができなくなる前から、仕事ができることにだけ自分の価値を見出すような生き方をしていないことが重要になってきます。

働けなくなった時

アドラーは、もはや自分が必要とされないのではないかと考える老人は、子どもがいうことを何一つ断らない優しい老人になるか、がみがみいう批評家になる、といっています（『子どもの教育』）。

そのように感じることがないように、

「六十、七十あるいは、八十の人にすら仕事を辞めるように勧めてはならない」

といっています（前掲書）。

アドラーの時代であれば、アドラーのこの発言は新しいものに聞こえたかもしれませんが、今日であれば、このような提案はそれほど珍しいものではないかもしれません。

私の父は五十五歳で定年を迎えました。その後なお十年間嘱託《しょくたく》として働きましたが、五十五歳で定年というのは、私などもうとっくにその歳を超えているので、昔の人はずいぶんと若く引退したものだと驚いてしまいます。

もちろん、今では昔よりも長く働くようになったとはいえ、体力だけではなく、知力が衰えるために仕事が続けられなくなることはあります。

しかし、それでも体力や知力の衰えそれ自体が老年の問題ではないでしょう。体力も知力もやがて衰えるということは、歳を重ねれば自然なことだからです。アドラーは、仕事の価値が人を評価する時にほとんど決定的だからである、といっています（*Über den nervösen Charakter*）。職責の上下が人間関係の上下と見なされる組織の中で生きてきた人にとって、職を解かれるということは、もはや自分には価値がないと宣告されたのも同然に思えます。そのように思った人は退職後の日々を失意のうちに過ごすことになります。

若い頃から先生と呼ばれてきた人が、退職後、先生と呼ばれないという事実に直面して愕然とすることがあります。今は昔ほど学校の教師が先生であるというだけで尊敬されていないかもしれませんが、大学を終え就職するとすぐに先生と呼ばれてきた人は、先生とはもはや呼ばれないという事実に直面して動揺することになります。

自分が何らかの共同体に所属していると感じられるということは、人間にとって基本的な欲求なので、就職して以来ずっとくる日もくる日も一日の大部分を過ごした組織から離れると不安になる人は多いでしょう。もはや職場に行く必要がなくなった時が、人生の大きな危機になります。

もちろん、中には退職後に悠々自適の生活をすることを楽しみにしていた人もあるでしょうが、仕事から離れた時には、もはや若くはありませんから、たとえ大きな病気にかかっているのでなくても、健康に自信がなければ、自分ができることに限界があることを意識しないわけにはいきません。

アドラーは、先に見たように、老人のまわりにいる人が、老人が貢献感をなくさないように、老人から仕事を奪わないようにといっていますが、まわりの人が仕事を辞めないようにといってくれることを期待することはできません。

たとえ辞めるようにいわれても、また、そういわれなくても、事実として老いや病気のために仕事ができなくなった時に、仕事をする、しないこととは関係なく、自分に価値があると思いたいのです。

例えば、子どもの側からいえば、年老いた親がいつまでも車の運転を続けると事故を起こすのではないかと思って心配になりますが、プライドの高い親は車の運転を断念するようにいわれても同意しようとはしないことがあります。親に車の運転を諦めてほしいと思ったら、ただ車の運転は危ないというだけでは、まだ運転できると抵抗されるに違いありません。運転を諦めてもらおうと思えば、車を運転できなくなったからといって、価値がなくなるわけではないということをわかってもらわなければなりません。

若くはないことを受け入れる

老いを受け入れるためには、失われた若さを嘆くことなく、あれやこれやのことができなくなっても、何らかの形でまわりの人に貢献できると思えることが、老年期の危機を乗り切るために必要になります。そのためには、もはや自分が若くないという事実を動かすことはできませんが、できないことが増えても、自分に価値があると思えなければなりません。

もはや若くはないのですから、若い人と変わらず同じことができる、自分はまったく衰えてはいないのだとわからせようと躍起になっても甲斐はありません。何事も証明しないといけないと思った時にはすでに行き過ぎなのです。

何か特別なことができなくても、若い時にできたことがもはやできなくなったとしても、そのことでいささかも自分の価値が減じたわけではないと思えるためには、若い時から自分の価値をあれやこれやができるというところに求めないことが大切です。

認知症は脳の病気ではありますが、自分の価値をあれやこれやができることにだけ認めてきた人が、加齢と共にできることが少なくなったり物覚えが悪くなったりするという現実を受け入れられず認知症に逃げこむという心理的な側面があるように見えます。

デイケアの事例

ある精神科クリニックのデイケアで働いていたことがあります。日によって違いますが、デイケアには毎日大体五十人ほどの統合失調症の患者さんが通ってきていました。

週に一度だけの出勤だったので、他の日にどんなプログラムが行われていたかを私は知りませんでしたが、私の出勤日のプログラムは皆で料理を作ることでした。当然、料理をする前に買い物に行かなければなりませんが、皆で買い物に行き、料理をすることが社会復帰の一助になることを狙っていました。

このプログラムの狙いは、先のアドラーのいっていることに引きつけていえば、次のように説明することができます。働くことで「自分を他者にとって有用なもの」にし、そのことで貢献感を持てれば劣等感が緩和され、さらに積極的な言い方をするならば、自分に価値があると思え、仕事をはじめとする対人関係の中に入っていく勇気を持てるようになるのです。

その日は、朝、これから作るメニューを発表し、近くのスーパーマーケットに買い物に行きました。しかし、実際には、スタッフと一緒に買い物に行く人は少なく、いつも五十人中の五、六人だけでした。

買い物を終えてクリニックに帰ると、いよいよ料理に取りかかります。「さあ、料理を始めます。手伝える人は手伝ってください」と呼びかけても、十五人から二十人の患者さんしか手伝いません。つまり、半数以上の人は料理をしている間、何もしないで過ごしていたのでした。五十人分の料理を作るのは、家庭で料理を作るのとは違って、食材の量が半端ではないのでかなりの重労働でした。

昼時になって料理ができたことを知らせると、どこからともなく全員が集まってきて、皆で一緒に食事をしました。しかし、このように大半の人が料理を作ろうとはしなくても、買い物や料理をした患者さんの誰も、そのことに文句をいいませんでした。患者さんたちの間で、今日は調子がいいので働けるが、明日は働けないかもしれない、だから今日働けるのであれば、今日は働こうという暗黙の理解ができていたからです。

そこで、力なくぐったりと横になっている仲間を見ても、誰も何もいうことはありませんん。「働かざる者食うべからず」というようなことを偉そうにいう社会よりは、よほど健全な社会だと私は思いました。

論理的には決められないことがある

私が心筋梗塞で入院したのは二〇〇六年の四月のことでした。その頃は、常勤の仕事を辞した後、フリーランスとして本の執筆や翻訳、カウンセリング、非常勤講師をしていましたが、いつのまにか身体を壊していました。しかし、身体の声に耳を傾けることはせず、今から思えばすぐに病院に行くべきだったのに、自分にとって都合がいいように身体の状態を解釈し、受診することはしませんでした。決して突然の発症ではなかったはずですが、ある朝、救急車で病院に運ばれることになりました。

幸い、一命を取り留めることはできましたが、入院したら仕事ができないどころか、してはいけなくて、本はもちろん読めず、音楽を聴くこともできず、一日中ＩＣＵ（集中治療室）のベッドの上で身動きが取れない状態で過ごすことになりました。なにしろ身体の向きを変えることすら許されず、数時間ごとに看護師さんの手を借りなければなりませんでした。

少しよくなってからは、仕事ができないことは諦めましたが、本を読みたくなりました。読書を許されてからは、普段本を読む時間もほとんどないくらい多忙な日々を過ごしていたので、たくさん読もうと思い、自宅から本を持ってきてもらいました。

ある日、主治医と退院後の仕事について話しました。主治医はこういいました。

「仕事は制限しなければならない。しかし、こういうことはロジカル（論理的）には決められない。〔どの仕事は引き受け、あるいは引き受けないかは〕自分でしか決められない。本は書くといいです。あれは後に残りますし、達成感もあります」

私はこの時、病気を理由に仕事を断ってもいいかとたずねました。「もちろん、断りなさい」という答えが返ってきました。医師が「どの仕事をし、どの仕事をしないかはロジカルには決められない」ということを、私はおもしろいと思いました。ロジカルでなくても、自分でどの仕事をするかしないかを決めてもいいということを知ったからです。

もちろん、恣意的《しい》に見えるような決め方をすれば、仕事を申し込んでくる人がそのことを変に思うことはありえますが、私は仕事は必ず引き受けなければならないと思い込んでいたので、医師の言葉で気持ちが楽になりました。

作家の沢木耕太郎が、ある時同じく作家の水上勉から中国に行かないかと誘われました。中国側から正式に招待されての国賓《こくひん》待遇の訪中団の一員としてです。ところが、中国に行く時期に小さな図書館で講演をする約束がありました。そのことを沢木が水上に話すと、水上はそういう小さいところとの約束こそ大事にせなあかんものな、と答えました（『246』）。

ここには講演料のことについては書いてありませんが、小さな集まりでの講演は沢木が通常行うであろう大規模な講演会ほど講演料が出なかったかもしれません。講演者はどんな場合も全力を尽くして話しますから、どんな条件で講演をするかということはあまり大きな問題にはなりません。水上がいう「小さいところとの約束」は何にも換えがたい貴重な学びを得る機会なので、引き受けることは私もあります。

世の中にはたしかにロジカルに決められないことは多々あります。例えば、エヴェレストに無酸素単独登頂を試みる登山家は、登頂という目的を達成するために、携行する荷物を極力減らし、余計な体力の消耗を極力避けようとします。しかし、もしも登頂の途上で自分と同じように登頂を目指す登山家が負傷しているのを見たとすれば、自分の登頂成功を優先してその人を見捨てるとは思えないのです。

仕事に目的はあるのか

リルケは、「芸術作品は、必然から生まれるものなら、よいものです」といっています（*op.cit.*）。本来、詩は書くことも書かないこともできます。それならばなぜ詩を書くのでしょう。

リルケが芸術作品が必然から生じるという時、その意味は「書かずにはいられない」という、やむにやまれぬ内からの促しによって書くということであることは第一章で見ました。自分が書いたものがどう評価されるか、それによって得られるかもしれない報酬のことは、書くことの必然性に従って書いたことの結果ではあっても、書くことの目的にはなりえません。ゴッホやゴーギャンが描いた絵は生前はほとんど評価されませんでした。しかし、それでも彼らが絵を描いたのは、人に評価されるかとか報酬がいくらかとかいうこととは関係がなかったはずです。

アドラーは、絵を描くことについて、次のようにいっています。

「ある人が絵を描こうとする時、その人には、このような目標を持っている人に特有なあらゆる態度を見ることができる。その人は、自然法則があるかのように、絵を描くことに属するあらゆることを無条件の首尾一貫性を持って行うだろう。しかし、その人には、そもそもこの絵を描かなければならない必然性があるのか？」（『人間知の心理学』）

絵を描くという行為だけを考えれば、すべては自然法則のように首尾一貫して説明できますが、そもそも、絵を描くかどうかは石が落下するようなこととは違って、人が自由意思で選択することです。したがって、絵は描くことも描かないこともできます。それを自分で決めることができるわけです。

詩を書く時も、絵を描く時も、書く（描く）ための道具、また、原稿用紙やキャンバスが必要です。また何を書く（描く）かというアイディアがなければなりません。しかし、そもそも何のために書く（描く）のかという目的がなければ、何も書かれ（描かれ）ることはありません。

アリストテレスは、その目的として、自分の楽しみや、それを売ることを例にあげていますが、アリストテレスは、この目的を「善」と言い換えています。それが何なのかは人によって違うでしょう。

先に見たように、リルケは若い詩人のカプスに書かずにはいられないという内面的な促しにだけ従って詩を書くことを勧めていますが、書いた詩を編集者に送り雑誌に掲載され詩人として生計を立てるということを目的に詩を書く人もいるでしょう。

アドラーは、仕事の目的として他者貢献をあげているわけです。

効率、成功よりも大切なこと

人は何かをしようとする時には、目標、目的を掲げますが、その目標達成のために有用なことしかしないというのでは問題でしょう。道具や機械は他の何よりも目的的（目的のために作られている）です。なぜなら、それらは特定の目的の「ために」だけ作られ、動くからです。ナイフには切るという目的があります。

しかし、人間にはあらかじめ決められた目的はありません。そもそも目的は自分で決めなければなりませんが、目的の達成に至るまでに、ただそのために有用なことをするのではなく、一見、無駄なこともできることが、人間と機械とを区別する点だといえます。人間には自由意思があるからです。

効率的に生きるというようなことは、人間の生き方ではないと思います。人生の最終の目的地を見据えているわけですから、無駄なこと、あるいは、無駄に思えることをして回り道をしてもいいともいえます。ただ目的地に着けばいいというものではありません。旅では目的地に着くまでの間、ずっと眠っていてはつまらないです。途中の景色を楽しんでいいのです。そのことで肝心の目的地に到着することが遅れても、そもそも到着できなくても、時には合理的ではない判断をすることが必要なこともあります。

働くことの目的を成功やお金に置く人は多くいます。そのような人を見ると、成功さえすればいいのか、お金さえ儲《もう》かればいいのかと思ってしまいます。

何かの目的や目標を達成することにだけに焦点を当ててしまうと、大切なものを見逃してしまうことになります。効率や利益ということばかりを重視するのも同じです。時には、結果が出ないこともありますし、思っていた以上の時間がかかることもあります。それでも結果を出すことよりも、それに至るプロセスにこそ意味があると考えることもできます。実際、多くのことは達成できません。それでは、実現できなかったことはすべて無意味かといえばそうではありません。

成功は人生の目標ではない

私たちは働くことも含めて、何かをする時に目標を設定しますが、その目標は自分が所属する組織の目標であるわけではありません。その目標は組織から一方的に与えられるものではありませんし、目標を設定することは本来仕事を達成するためのはずなのに、目標が固定化することで､仕事が自分を縛り､自分の人生を縛ることになってしまいます。

働くことは生きることの一つの営みです。何度も見てきたように、働くことも生きる営みの一つですから、過剰な負担がかかったり、自分らしく生きることを困難にしたりするのであれば、働くことについて再考する必要があるでしょう。

仕事で成功することは人生の目標ではありません。仕事によってお金を稼がなかったらその日の食事もできないではないかという人もあるでしょうが、お金を稼ぐこと、また国の経済が上向くことが豊かさかといえばそうとはいえないでしょう。本当の豊かさは、経済ともお金とも関係がありません。学生の頃は本を自由に買うことができませんでしたが、あの頃の私が不幸だったとは思いません。

ソクラテスの流れを汲む犬儒《けんじゅ》派と呼ばれる哲学者の一人であるディオゲネスは、何も持たず樽《たる》の中で暮らしていたといわれています。何も持たないといっても、水を飲むために茶碗を持っていました。

ところが、ある日、ディオゲネスは子どもが川の水を素手ですくって飲んでいるのを見て、「私はこの子に負けた」とその茶碗まで捨ててしまいました。

万物の始原は水であるといった古代ギリシアの哲学者であるタレスは、ある時、次のオリーブの収穫が豊作であることを天文学から知りました。そこで、冬の間にオリーブの搾油機《さくゆき》を借り占めました。

夏がやってきてオリーブの収穫時期になると搾油機がないことに気づいた人々は、タレスに機械を貸し出すことを要求したので、タレスはたちまち莫大な利益を手に入れました。哲学者は今も昔も清貧の生活を送るしかありませんが、貧しいことを非難されたタレスは、望めばすぐに金持ちになることはできるが、そのようなことには関心がないことを示したのでした（ディオゲネス・ラエルティウス『ギリシア哲学者列伝』）

タレスにとって、人生において大切なものは他にあったのであり、金を儲けることが人生における重要な価値ではないということを教えたかったわけです。

聖書には、永遠の生命を得るためにはどうすればいいかとイエスに問うた人の話が出てきます（『マルコによる福音書』）。律法に書かれた戒めは子どもの頃からすべて守ってきたというその人にイエスはいいました。

「あなたに欠けているものが一つある。行って持っている物を売り払い、貧しい人々に施しなさい」

彼の顔は曇り、悲しみながら立ち去りました。大資産家だったからです。

イエスは、永遠の生命を得るために、形として、持てるもののすべてを、ちょうどディオゲネスが水を飲むための茶碗まで捨てたように、捨てることを要求したのではありません。所有物やお金にとらわれないことが大切だと教えているわけです。

生命より大切なもの

私の心筋梗塞の話に戻すと、私はある朝早くに倒れ、救急車でいち早く病院に運ばれました。その日の当直医が心臓カテーテルの第一人者だったという幸運に恵まれ、結果、致命的なことにはならなかったとはいえ、私の心筋のある部分は壊死《えし》したのでした。決して完治しない病気は退院後以前と同じように働くことを不可能にしました。

こうして、私は思いがけず、仕事を制限することを余儀なくされたわけですが、それでは、どの仕事をどの程度制限するかについてはロジカルには決められないと主治医はいったのでした。

入院中、出版社から校正刷が届きました。編集者は私が病気で入院したことを知りませんでした。入院しているので校正はできないとメールを出せばよかったのですが、そうすることを思いとどまらせる何かが私の中にありました。

これは一つには、先に引いたリルケの内面の促しがあって、病気になっても何とかして本を出したいという思いもあったのですが、もう一つは、病気を理由に締め切りを延ばしたりすると、二度と仕事がこなくなるのではないかと恐れたからでした。今となってはこんなことを考えたことをおかしく思いますが、かなり思い詰めていたのは本当です。

主治医は、私が危険な状態を脱してベッドで起き上がるようになるとすぐに赤ボールペンを片手に校正をしているのを見て「あまり根を詰めないように」とはいいましたが、校正をすることを止めはしませんでした。「本は書くといいです。あれは後に残りますし、達成感もあります」という医師の言葉は聞きようによってはひどい言い方で、「死んだら君は残らないけれど、本は残る」という意味に解せないわけではありません。しかし、医師がそういった時、私はたしかに本が残ればいいと思っていましたし、医師の方も何を優先すべきかということについて、ロジカルには考えなかったのでした。

プラトンは「書きながら死んだ」(scribens est mortuus) と伝えられています。この言葉は本を執筆していたが本の完成を見る前に死んだという意味で解釈されることもありますが、入院中、私は自分の状況と重ね合わせ、文字通りプラトンが「書きながら」息絶えた姿を思い浮かべたものです。そのような死に方は、書くことを生業《なりわい》として一生を送った人には他のどんな死に方よりもふさわしいと私は思いましたが、病気のために持っていた悲愴感の中で考えたことで、元気になってからはこんなことを考えていたことを恥ずかしく思います。

しかし、あながち悲愴感の中で考えたこととは言い切れない面もあります。入院していた最初の頃は、夜寝る前に、もしもこのまま明日の朝、目が覚めなかったらどうしようと思っていました。しかし、やがて病院の医師や看護師らスタッフと話をすることが多くなり、時には相談に乗るようになると、ただ病気を癒すためにだけ入院しているのではないと思うようになり、病院が仮の住《す》み処《か》であるという意識が薄れてきました。そうなると、病気のことを忘れたわけでは決してありませんが、毎日満ち足りた思いで過ごすことができるようになり、一日の終わりが怖くはなくなったのでした。

入院中は校正をしたり、心筋梗塞生還記を書き、ブログに投稿したりしていましたが、いつ死ぬかもしれないので一日も早く校正し、本を出版しなければならないと思うことはなくなりました。

生産性で自分の価値を計らない

これから働こうとしている人、あるいは、目下、働くことが毎日の生活の中心になっている人に、あなたの価値は生産性にあるのではないといってみても、すぐには理解してもらえないかもしれません。

もちろん、働ける人は先にあげたデイケアの事例のように働けばいいですし、働くべきです。それでも、人間の価値は「何ができるか」ではなく、「生きていることそれ自体」にあるといつも知っておくことが大切です。

このことは、自分のことについても、次章で見る職場での対人関係の問題にも関係してきます。少し先取りしていえば、人の価値を何ができるかということに見ている限り、自分についても他者についてもいわば理想からの引き算でしか見ることができなくなります。

より優れた自分であることを目指すことに問題があるわけではありませんが、時にはあまりに高い目標を立てることで、自分が取り組むべき課題から逃げようとしたり、意欲を持って仕事に取り組もうとする部下の勇気を挫《くじ》いたりすることがあれば問題です。

すぐに結果が出ないこともある

父が働いていた頃は定年退職が五十五歳だったことは先にも書きましたが、一つの会社に学校を卒業したら就職し、定年まで勤め上げるのが当たり前の時代でした。父の会社は家族のようで、元旦に会社で撮ったという写真がアルバムに貼ってあるのを見たことがあります。今なら新年早々出社するようにといわれても誰も出てこないでしょう。

そんな会社ですから、すぐに目覚ましい結果を出せなくても、会社を追われることはありませんでした。そのことにはメリット、デメリットの両方がありますが、成果主義の今の時代であれば会社にいられないかもしれない人でも、じっくりと仕事をすることができ、入社後、十年、二十年経って初めて大きな成果を上げるということもありえたわけです。

今の時代はスロースターター、大器晩成型の人は居づらいでしょう。私が学生だった頃、三十年間、一度も論文を書いたことがないという教授がいました。その先生のことを今も思い出すのは、そのようなことがあまりに特異だったからなのですが、学問というのは本来締め切りがあって急《せ》かされて業績を出せるものではありません。

学校は英語ではschoolといいます。この言葉は古代ギリシア語のschole（スコレー）が語源で、その意味は「閑暇」です。ですから、「忙しい学校」というのは形容矛盾になります。学校が忙しいということはあってはならないのです。学生も教師も悠々と勉強に取り組むのでなければ「学校」とはいえないのです。

傍《はた》からは少しも仕事をしているようには見えないのに、業績を打ち立てるということは実際あります。

数学者の岡潔《きよし》が、ある夏招かれて北海道大学の理学部の応接室だった部屋を借りて研究をしたことがありました。そこには立派なソファや安楽椅子がありました。岡は、何かやろうとし始めるのですが、十分も経てば眠くなってソファで眠ってしまいます。学校で眠ってばかりいるというので、理学部中で評判になってしまったほどでした。

ところが、そろそろ帰らなければならない九月のある朝、友人の家で朝食を呼ばれた後、隣の応接室ですわっているうちに、その時着手していた問題についてだんだん考えが一つの方向に向いてきて、二時間ほどすわっている間にどこをどうやっていいかすっかりわかってしまいました。北海道に行く前、岡はまったく解決の糸口を見出すことができない状態だったというのに。

大学院生の頃、真面目に講義に出席したら「君たちは私の授業に熱心に出席しているようだが、一体、いつ勉強しているのですか」と一人の教授がいったので驚いたことがありました。学ぶ喜びに突き動かされて学んできた学生は、一切の強制がなくても勉強をすることができます。そのような学生が研究者となれば、たとえすぐに目覚ましい成果を出せなくても、最後には大成するのです。
それは学問の場での話ではないかと思われるかもしれませんが、成果主義のもたらす問題は、すぐに成果を出すことが当然だという理由で看過されてはいけないと思います。

何もしなくても

新約聖書の『マタイ福音書』にも『マルコ福音書』にもなく、ただ『ルカ福音書』にだけ記録されているイエスのエピソードがあります。

一行が歩いて行くうち、イエスはある村にお入りになった。すると、マルタという女が、イエスを家に迎え入れた。彼女にはマリアという妹がいた。マリアは主の足もとに座って、その話に聞き入っていた。マルタは、いろいろのもてなしのためせわしく立ち働いていたが、そばに近寄って言った。「主よ、わたしの妹はわたしだけにもてなしをさせていますが、何ともお思いになりませんか。手伝ってくれるようにおっしゃってください。」主はお答えになった。「マルタ、マルタ、あなたは多くのことに思い悩み、心を乱している。しかし、必要なことはただ一つだけである。マリアは良い方を選んだ。それを取り上げてはならない。」

ドイツの神秘主義者であるエックハルトが「観想的生と活動的生とについて」という説教の中で、この箇所を取り上げて解釈しています（『エックハルト説教集』）。マルタは、マリアが「幸福感」の中に立ち止まって先に進まなくなることを怖れたとエックハルトはいっています。時に働くことではなく、立ち止まること、立ち止まることが必要なことがあります。

晩年、認知症を患っていた父の介護をしていました。介護といっても、一日の大半は、これといったことをしていないで過ごすことが多かったので、ただ父の側にいるだけでは何も父の力になれていないと思いました。

次第に父は食事の時間以外は寝ていることが多くなりました。その間、私は自分の仕事をすることができたので、父の世話をするために時間を取られるよりもありがたかったというのは本当ですが、ただ一緒にいるだけではたして介護をしているといえるのかと思い悩みました。

もちろん、父が起きてくれればすることはいくらでもありましたし、こんなことを思ったのは、父が寝ている間や、起きていてもぼんやりと過ごしている間だけのことでした。

ある日、私は父にいいました。

「一日、寝ているのだったらこなくてもいいね」

父は思いがけずこう答えました。

「そんなことはない。お前がいてくれるから私は安心して眠れるのだ」

たしかに私も心筋梗塞で倒れた時、退院後昼間一人で過ごしている時に不安だったことを思い出しました。じっとそばにいるだけでは駄目だと思うのは、価値を生産性でしか計らない社会の常識にとらわれているからなのです。

第二章 職場の対人関係を改善するために

仕事そのものは嫌ではないし、むしろ、仕事は楽しいといってもいいくらいなのに、職場での対人関係がたまらなく嫌だという人は多くいます。上司からは強い口調で叱責され、同僚からは妬《ねた》まれたり、根も葉もない噂を立てられたりします。

気分よく仕事に打ち込むためには、職場の対人関係を改善することが必須です。部下の悩みは深いですが、上司も部下への対応に困り果て、心労が絶えないのです。本章では、どうすれば職場の対人関係が改善し、快適な職場で仕事ができるようになるかを考えてみます。

失敗や問題行動の原因を探しても意味がない

部下が失敗を繰り返すというような場合、上司は往々にして、その部下の問題点を探ろうとします。上司は部下を叱責するとすぐに会社を辞めると言い出すので、上司は自分が若かった時はそんなことはなかったと思ってみたり、失敗するのは部下が軽率だったり、集中力が欠けていたりするからだなどといったりします。

このような場合、部下の家庭環境に問題の原因を求めることはないでしょうが、学校であれば、子どもの成績がよくなかったり、何か問題を起こしたりした時、家庭環境にその原因を帰することはよくあります。また、職場では、部下の性格に失敗や問題行動の原因を求めることがあります。

しかし、部下の失敗は、仕事を任せた上司にもその責任があるはずです。それなのに部下の性格などに原因を求めるのは、上司が自分の責任から逃れたいからであり、いわば安全圏に自分を置こうとしているのです。

これはちょうど学校の先生が、自分の教え方を棚に上げて、「おたくの子どもさんは私の授業についてこられないようなので、塾にやらせてください」というのと同じです。このような考えでは、上司には部下の問題に関してできることは何もないことになります。

対人関係の中で考える

それでは、部下の失敗や問題行動を止めるためには、どうすればいいでしょうか。このことを考えるのは、上司が部下に適切な対応をすれば、職場の対人関係が改善できるからであり、部下が取る行動について、上司が対応をする時にその行動について理解することができれば、部下との無用な軋轢《あつれき》を避けることができるからです。部下の方も自分の行動を理解できれば、上司とぶつかることを回避できます。

部下が失敗をすることについて上司は自分が何か関係があるのではないか、自分との関係の中で部下が失敗を繰り返すという「選択」をあえてしているのかもしれないと考えてみることが、部下の問題を解決する一つの突破口になります。

人の言動は、誰もいない、いわば真空の中で行われるのではありません。必ずそれが向けられる「相手役」がいて、その相手役から何らかの応答を引き出そうとしているとアドラーは考えています。

性格も一人で生きているのであれば、問題になりません。アドラーは「人は、性格を誰かの前で、誰かとの関係の中で決める」と考えます。性格は生まれつきのものではなく、人との関係の中で決めていくものです。実際、誰の前にいるかで、微妙に、あるいははっきりと自分の性格が違うと感じる人もあるはずです。

上司が理不尽な仕方で部下を叱責するような場合、対人関係を離れた性格は問題になりません。上司は部下を相手役として、部下から落ち込んだり、はむかったりするという応答を引き出そうとします。そうであれば、上司の怒りの相手役である自分が違う態度を取れば、それに伴って上司の態度も変わるかもしれません。大抵は、理不尽に叱る上司は誰に対しても同じような態度を取っているのですが、自分に何か非があるのではないか、自分にも何か落ち度があるのではないかと考えてみることもできます。

このように、上司の態度が誰に向けられているのかを考えれば、難しい上司がいるわけではないと考えることができます。そのように考えれば、上司との関係が変わることで上司の態度が変わるということはありえます。

タイプを見ない

もう一つの問題は、職場で上司や部下、同僚を見る時、先入見に支配されていることがあるということです。アドラーは人間をタイプに分類しません。アドラーの関心は、いわば生身の血の通った目の前にいる「この人」に向けられていたので、人をタイプに分けず、他の誰にも代えることができない個人の独自性に注目しました。

ところが、多くの人は、分類することを好みます。占いの類はいつの時代も人気があります。この「分類」を職場ですることがあります。嫌なタイプの上司だと見れば、部下にとって上司はそのようにしか見えず、嫌であることを証拠立てる面ばかりが目につくようになり、よい面は見えなくなります。人は必ずこのような分類からはみ出るところがあるはずです。

さて、上司が部下の失敗を見てイライラするとすれば、部下は、失敗することによって、上司の注目を得ようとしているのではないか、と考えることができます。にわかに信じがたいかもしれませんが、この可能性については後述します。

あるいは、失敗を続けることで、自分はこの仕事や職場には向いていないのではないかと思い、上司にもそう思われることで、仕事を辞める決心を固めようとしているのかもしれません。

責任を取る

それではどうすればいいでしょう。結論からいえば、部下が失敗したとしても、そのことについてくどくどと説教したり、叱ったりというようなことはしない方がいいのです。ただ、失敗したことについて、何もしないというのではありません。失敗についてはしかるべき方法で、責任を取る必要があります。

それは、やり直したり、可能な限りの原状回復を図ったりするということです。失敗の前に遡《さかのぼ》って完全に元の状態に戻すことが可能であれば、そうすることが一番望ましいわけです。しかし、例えば、小さい子どもがミルクをこぼしたような時には、それを拭くことで原状回復することはできますが、こぼれたミルクがもはや元に戻らないのは明らかです。仕事でも元に戻せない失敗があるでしょう。場合によっては、謝罪することで、責任を取ることも必要です。

失敗というのは、できれば避けたいですが、これまで一度も失敗したことがないという人はいないでしょう。仕事によってはたった一度の失敗も許されないことはあります。例えば、医師や看護師の失敗は、たった一度でも患者の命を奪うこともありえます。

しかし、そのような職種の人でも、ただの一度も失敗しなかった人がいるはずはありませんし、失敗した時にこそ多くのことを学んだというのも事実なのです。その意味では、失敗は人が成長するために必要なことといえます。

しかし、そうであっても、同じ失敗を何度も繰り返すことは望ましいことではないので、同じ失敗をしないようにする話し合いをすることが、失敗の責任の取り方としては重要になってきます。上司は、部下に改善すべき点があるかをたずね、それが自分でわかっていれば次回は改善の努力をさせ、もしも部下が知らなければ、それを教えればいいのです。叱られても部下は自分の責任を取ったことにはなりませんし、失敗の責任を取らないばかりか、今後どうすれば同じ失敗を回避できるかを学ばなかったら、また同じ失敗を繰り返すだけです。

部下の失敗の責任は上司にある

部下が仕事で失敗したり、結果を出せなかったりすれば、その責任は基本的には部下自身で取るしかありません。しかし、上司は部下の失敗にまったく責任がないかといえば、そうではありません。上司の指導が適切なものであれば、部下は失敗しなかったかもしれないからです。自分の教え方を棚に上げ、子どもを塾にやらせることを勧める無能な教師のようであってはいけないのです。

部下が失敗するとその意味で上司も責任を問われることになりますが、多くの上司が自分の責任を取ることを回避し、責任追及を逃れるために、部下が失敗しないように自分の支配下に置こうとするのです。

仕事で何かを決めなければならないことは多々あります。その場合、上司が部下の失敗が自分の身に及ぶことを恐れ、叱ることで自分の支配下に置こうとすることがありますが、決断に人生そのものを賭けるのは部下なのです。上司は自己保身のために部下の失敗を未然に防ぐことにばかり注意を向けてはいけないのです。自分で決められる、決めていいということを部下に教え、部下が力を伸ばす援助をすることが上司がしなければならないことなのです。

叱っても甲斐はない

叱れば部下は奮起すると思う人はあるでしょうが、そのようなことはまずありえません。叱ると対人関係の心理的な距離は遠くなってしまいます。アドラーは怒りについて、それは「人と人とを引き離す感情」であるといっています。叱るけれども怒ったりはしない、叱ることと怒ることは別であるという人はいます。怒ってはいけないが叱ることは必要であるという人もいます。しかし、人間は怒らないで叱れるほど器用ではありません。叱る時には必ず怒りの感情を伴っているといって間違いありません。

そこで、部下に改善すべき点を教えようと思っても、上司と部下との距離が遠ければ、部下は上司のいうことを素直に受け止めることができなくなります。上司は知識が足らず、経験も十分でない部下を指導しなければなりませんが、上司がいっていることが正論であっても、あるいは、正論だからこそ、部下は上司が語る言葉を素直に受け止めることができず、反発してしまうのです。

感情的に叱らなかったとしても、個々の失敗について指摘するのではなく、「君には失望した」というような人格を否定するような言い方をすると、部下は働く意欲をなくしてしまいます。

部下は、上司から叱られるのが怖いので、失敗をしないよう慎重になるかもしれません。自発的に創意工夫をしようとはしないで、自分に与えられた必要最低限の仕事しかせず、指示を待ち、自分からは動かない「イエスパーソン」になるかもしれません。そのような部下がいるとすれば、上司自らが作り上げているのです。

上司が部下のすることをすべて指示し、部下もそれに従うというのであれば、大きな問題は起きないかもしれませんが、そのようにするくらいなら上司が部下に任せずに自分で何もかもすればいいのです。

しかし、実際にはそのようなことはできません。そうすることができるだけの時間は上司にはないからです。それならば部下に仕事を任せるしかありません。部下の方は時には前例がないことをしなければならないことがあります。

阪神大震災の時に、私の友人である医師はボランティアとして神戸に入りました。学校の体育館が避難所になっていましたが、避難生活が続き、皆が風呂に入れないことを知った彼は体育館に簡易風呂を設置しようとしました。

そのために役所に許可を求めようとしたところ、前例がないという理由で風呂を設置してはいけないといわれました。それでも、彼はその決定に従いませんでした。目の前にいる風呂に入れない人を救いたいと思い、あえて役所の決定を無視しました。

「ダメだといわれ、辞めさせられても、もともとボランティアだから」と友人は当時のことを話してくれました。

上司でも部下でも、たとえ前例がなくても、自分の責任で適切な判断を下さなければならないことはあります。

叱られても注目されたい

「注目されるために失敗するなどありえない」と思う人もあるかもしれませんが、子どものことを考えてみてください。母親から注目されたいがために、危ないことをして転んでみるといったことは往々にしてあります。同じことを大人になってからも自分では気づかずにしているのです。

もしも部下が本人も意識しないままに、上司の注目を得るために失敗をしているのであれば、叱られるという形で注目を得ようとしているわけですから、叱ることは有効ではありません。さりとて、失敗した時に何もしなければ、部下は注目されるためにいよいよ失敗を続けてしまいます。

部下を叱ってみても、同じことが続くのであれば、叱ることの程度が足りないのではなく、叱ること自体が無効なのです。このことを認めることができない人は多くいます。教育やしつけの観点から、叱ることは必要だ、間違ったことをした時は叱るのが大人や上司の役割だと息巻く人も多いです。

しかし、小さな子どもでなければ、自分がしている行動が叱られるものであることを知っているはずです。叱られたくはないけれども無視されるくらいなら叱られた方がいいとか、いい結果を出すことでは注目されないのだから、せめて叱られるようなことをして注目を引こうとする、いわば確信犯なのですから、そのような人に対して叱れば叱るほど問題行動は続くことになります。

ほめない

他方、叱らないけれど部下をほめる上司がいます。部下をほめて伸ばすことは大切だと考えている人は多いように思います。そのような人は、叱ることにはためらいを覚えても、ほめることには何ら疑問を覚えません。しかし、ほめるということがどういうことなのかを理解すれば、もはや人をほめることはできなくなります。

私は心筋梗塞で倒れてから十年になりますが、今も二ヶ月に一度は検診に行きます。そのたびに採血をされます。時々、小さな子どもが大人に交じって採血されるのを見かけます。なかには泣き叫ぶ子どもがいますが、大半の子どもはじっと我慢します。そんな子どもを見て、親や検査技師、看護師さんは当然のように「えらかったね」とほめます。

私はといえば、大手術をした時の痛みには耐えられたのに、採血の時、血が絞り出されるような痛みを耐え難いものに思ってしまいます。それでも当然泣いたりはしませんが、採血が終わった時に、もしも「えらかったね」とほめられたら、馬鹿にされたと思うはずです。しかし、子どもであれば、ほめてしまいます。この違いは重要です。

ほめるというのは、能力がある人が能力のない人に上から下す評価の言葉なのです。つまり、大人は子どもが本来採血の痛みに耐えられないと思っているので、子どもが泣かずに勇敢に痛みに耐えるのを見てほめるのです。子どもを自分より下に見ている大人は、子どもをほめるのです。

このように考えると、職場では、上司は部下をほめることはできないことがわかります。ほめるというのは上下の、あるいは縦の対人関係を前提にしているからです。

大人同士であれば、相手を自分より下と見なさなければ、ほめられないのです。上司と部下の関係においては、自分を部下よりも上だと見ている上司は部下をほめます。上司が部下を対等であると見ていれば、部下をほめることはできないはずなのです。

いや、上司が上で、部下が下であるのは当然だという人は、生まれる時代を間違ったのです。地位が違っても、そのことは部下が対人関係の下にいるということを意味しないのです。

上司は入社したばかりの部下よりも知識も経験もあって当然ですし、取らなければならない責任の量も違います。その意味では、上司と部下は同じではありません。大人と子どもが、知識や経験、また取れる責任の量が違っても、人間としては対等であるのと同じです。こんなことを説明する必要がない時代に早くしなければなりません。

上司からほめられたら嬉しいと思う部下も、自分が無能であると上司に認めてほしいと思っているのです。上司がこのような部下を自分に従わせるのは容易ですし、心地よいかもしれませんが、要は、上司は部下を自分の家来や子分にしたいのです。

当然、部下が自分の創意で判断して行動することを好みません。上司の指示に従い上司に気に入られるためにだけ行動するようになった部下は、自分の行動の是非を自分では判断できなくなってしまいます。実際には、常に指示をしなければならない部下は、手がかかりますが、それでも部下を支配できるのであれば上司はそれをも厭《いと》わないのです。

ほめられたい、承認されたいという部下は、自分で自分の価値を認められないという意味で自立できていません。そのような部下は上司に依存してしか生きられなくなりますし、部下に依存される上司も、部下に依存していることになります。

叱らない、ほめない。では、どうすればいいのでしょうか。

部下の貢献に注目する

次のようにすることができます。同じ行為の適切な面に注目することで、同時にその行為の不適切な面に注目しなくてすむようにするのです。

一読してもすぐには意味がわかりにくいかもしれませんが、例えば、子どもが朝遅く起きてきたという場合、起きてきた時間が遅いことには注目せず、とにもかくにも起きてきたことに注目するということです。ベッドの中で冷たくなっていたのではなく、起きてきたことはありがたいことなので、起きてきたことにだけ注目すれば、起きてきた時間には注目しなくてすみます。

職場の場合は、部下の貢献に注目することができます。失敗には注目しないで、仕事をしたことに注目すればいいのです。具体的には、「ありがとう」「助かった」という言葉をかけることができます。上司は部下が仕事をすることを当たり前だと思い、このようなことを今までことさらに意識したことがなければ、そのような言葉がけは思いもつかないでしょう。

部下は知識も経験も十分ではありませんから失敗することはあります。例えば、小学校の教師は就職するとすぐにクラスを担任しなければなりません。しかし、新米教師にとっては何ぶん、初めてのことばかりなので失敗することはあり、保護者から批判されることはありえます。

そのような時は上司が部下である新米教師を庇《かば》うことが必要です。上司は部下が失敗した時に、その部下の失敗に適切に対処しなければなりません。保護者からの要求が不当であれば、きちんと説明することが上司の仕事です。

それなのに、自己保身に走る上司は、保護者と一緒になって部下を責めます。そうなると、部下はもう教師を続けられないと思ってもおかしくはありません。突然、朝に「今日は休みます」という連絡が入ります。そうなると、上司や同僚が休んだ部下の代わりに授業をしなければならないことになります。

新米教師は研鑽《けんさん》を重ね、教師としての力をつけていくしかありませんが、上司ができることは、今はまだ知識も経験も十分でなくても、とにもかくにも、部下が休まず出勤していることで貢献していることに注目することなのです。

なぜ、このように部下の貢献に注目するかといえば、第一章で見たように、そうすることで、自分に価値があると思ってほしいからです。自分が仕事をすることで共同体（職場）に役立っていると感じられれば、自分に価値があると思えます。自分に価値があると思えれば、対人関係の中に入っていく勇気を持てるのです。

これだけのことをした上で、なお部下が失敗するということはありますが、部下は次から自信を持って問題に対処することができるでしょう。少なくとも、部下が失敗することで注目を得ようとか、仕事を辞められる状況に自分を追い込もうとは思わないでしょう。

貢献感の悪用

貢献感はあくまでも自分が感じるものです。貢献感があれば自分に価値があると思え、価値があると思えれば、対人関係の中に入っていく勇気を持つことができます。仕事も対人関係を離れてはありませんから、仕事にも取り組もうと思えるようになるでしょう。

ところが、このことを誤解する、あるいは、意図的に悪用しようとする人がいます。上司が部下に「会社に貢献することが、君たちの価値を高めることだ」というのです。なぜこれが誤解であり、悪用かというと、貢献感は誰かから与えられるものでなく、ただ自分が感じるものであって、貢献感を持つことを誰かから（今の場合は上司から）強制されるようなものではないからです。ですから、部下が仕事に意欲的に取り組む気持ちになるように「貢献感を持たせよう」と思うのは間違いなのです。

このような強制された貢献感は、部下を特定の組織の枠内に留め、その組織にとって有益であることだけをするように仕向けることになります。その場合、貢献感を持つことが組織への忠誠の証にされたり、自分が所属する組織にとっての利益だけを追求させられたりするようになりますから、排他的な組織になることは必至です。アドラーのいう「共同体」は非常に広いものであり、より大きな共同体の利害と抵触するような時には大きい方の共同体のことを考えるというのが鉄則です。

あくまでも部下が自分で貢献感を持てることが大切で、上司は部下が貢献感を持てる援助をすることしかできません。上司が部下に貢献感を持たせようとすることは、部下を操作することです。そのような意図で上司が部下に「ありがとう」という言葉をかけていると、部下の方も「ありがとう」と声をかけてほしいと思って仕事をするようになります。

あるいは、「ありがとう」といわれることは期待していないように見えても、仕事に熱心に取り組んでいるところを上司に認めてほしいと思うようになります。

かくて、職場内で上司の承認をめぐって激しい競争が行われることになり、仕事そのものよりも、上司の承認をめぐって他者に勝つことばかりに意識が向くことになります。上司にすれば、上司の承認を得たいと思う部下を自分の支配下に置くことは容易です。部下は承認されたいとばかり思いますから、上司に異を唱えたり、積極的に自分の考えを主張したりすることはなくなります。

同じことは上司が部下を叱責する時にも起こります。上司を恐れる部下は指示を待つけれども自発的に動こうとはしなくなります。上司は部下が自分の判断で動くことを嫌います。そのような部下を自分の支配下に置くことはできないからです。

評価の問題

ほめることについての問題を指摘したり、競争の問題を明らかにしたりすると、決まって出てくる質問は、今の社会は競争社会であり、組織の中でも競争を避けることはできず、評価は仕事にはつきものではないかというものです。

私は大学で長く教えてきました。成績をつけなければなりませんから、学生を評価することは必要なことでした。試験をするか、しないかは関係がありません。どれくらいの力があるかは普段の講義の中でもはっきりわかるからです。

私は古代ギリシア語を教えていました。初学者用のテキストにあるギリシア語を日本語に直してもらいます。学生の訳が間違っていれば訂正し、必要があれば文法の説明をします。

ある年、一人の学生が当てられたのに答えようとしませんでした。そこで、私はその学生になぜ答えなかったのかたずねました。学生はこう答えました。

「もしもこのギリシア語を間違えたら、先生にできない学生だと思われるのが嫌だったのです。でも、答えなかったから、できるかできないかわからないでしょう」

私は説明しました。

「もしもあなたが答えなかったら、あなたがどこがわからないのかわかりません。私の教え方に問題があって答えられないということもあります。当然、答えが間違っていたら間違いといいますが、それはあなたの人格についていっているのではない。できない学生だと評価するということはありません」

その学生は次回から答えられるようになりました。間違うことを恐れなくなったので、力もついていきました。

試験など評価することの目的が何かを知っておかなければなりません。それはまず学生、あるいは、部下の知識などの実力を知ることです。現状でどれくらいの力があるかを知らなければ、指導についての方針が決まりません。

次に、教師、あるいは上司の指導方法について、それが適切なものかを知るためです。試験をしてみて点数が低い時、無邪気に学生や部下の無能を責める教師がいますが、そのような教師や上司は自分の指導が問題であることに目を向けたくはないのです。

評価についてこのように考えると、試験をすることはつらい作業になります。学生、部下の成績がよくないことの責任は教師、上司にもあるからです。

失敗を未然に防ぐ

部下が失敗した時、その責任は部下だけではなく、上司にもあります。たしかに失敗が部下の知識や経験不足によることはありますが、上司の指導力不足もあります。部下の失敗を未然に防ぐためには、部下との建設的な話し合いが必要であり、そのためには部下と普段からよい関係を築いていなければなりません。

失敗について話をする時に、その失敗そのものが問題になっていると理解できる部下であれば、問題を改善するために何ができるかを冷静に考えることができます。

ところが、上司の指摘を自分の人格への非難だと見なす部下であれば、上司の指摘を素直に受け止めず、たとえそれが正当なものであっても反発してしまいます。

そうであれば、なおさら上司は部下に対して感情的に叱責することがあってはならないのです。そうすることは組織に起こっている問題を解決することにはつながらず、ただ、部下との関係を悪くするだけです。

叱ると対人関係の心理的な距離が遠くなります。私たちの犯す誤りは、叱ることで関係を遠くしておいた上で、知識や経験が不足する部下を指導しようとすることです。関係が遠ければ、部下は上司の指摘を受け入れず、とりわけ、上司の指摘が自分の人格に向けられたものであると見なしたら、上司は部下を指導することはできません。

そこで、上司は、自分が知識と経験、取るべき責任の量の点で、上司と部下は「同じ」ではないが、ただ役割が違うだけであり、人間としては対等であることを部下に説明しなければなりません。

こんな当たり前のことでも説明する必要があるのは、上司は職責が違うので部下よりも偉いと思い込んでいることがあるからです。職責の違いは人間としての上下関係ではないということを上司自身が理解し、そのことを部下に説明すれば、反発する部下とも、上司を偉いと思い違いしている部下とも関係を改善することができます。

そのためには、上司が役割の仮面を外したいのです。人は英語ではperson（パーソン）ですが、personの語源は、「仮面」という意味のラテン語のpersona（ペルソナ）です。仮面を外せば、上司と部下は個人として関わることができます。

職場では人間性とは関係なく、仕事に徹するというのが一つの考えですが、他方、役割分担をした上で、仮面を外した個人として関わるということもできます。この人となら一緒にしたいと思う上司であれば、部下が仕事に取り組む時の意欲が違ってきます。上司が仕事の面で有能であることはいうに及ばず、個人として尊敬することができるでしょう。

理不尽な上司と向き合うために

理不尽なことをいう職場の上司にどう接していけばいいのかという相談を受けることがよくあります。仕事そのものは嫌いではないし、それどころかやりがいも感じられる。それなのに、理不尽なことをいう上司がいるために会社に行くことが苦痛になり、いっそ会社を辞めてしまおうかとまで思い詰めたり、心の平衡を崩して休職したりしている人もいます。

この問題を考えるには、部下自身の問題と上司の行動の目的との二面から考える必要があります。

なぜ上司の顔色を見てしまうのか

感情的でたびたび理不尽なことをいわれるので心底嫌いな上司であっても、なおその顔色を覗《うかが》う人、また、陰ではそのような上司の悪口をいうのに、面と向かっては何もいわず上司の機嫌を取ろうとまでする人がいます。

上司が間違ったことをいったのであれば反論すればいいのです。それなのに、そうしないのは、上司に嫌われることを恐れるからです。嫌われたら今の部署に、それどころか会社にも自分の居場所がなくなるかもしれないと、自己保身に走り、結局は上司に合わせてしまいます。

終身雇用、年功序列が一般的だった頃は、格別なことが起こらない限り、同じ会社に勤めることはできましたが、上司からの評価が給与にも勤務の継続にも関係してくる今は上司の顔色を覗うようになったという話をよく聞きます。

さらに、部下が上司に従ってしまうことには、隠された目的があります。上司が命じることがたとえ理不尽であっても、上司の指示に従って働いた結果、仕事上の何か大きな問題が起きた時、部下は自分でその責任を引き受けようとはせず、上司のせいにしたいのです。

たとえ上司がいったことであっても、それが間違っているのであれば、それを正さないことは、自分が所属する職場はもとより、社会にとっても不利益になります。

それにもかかわらず、反論することで上司に嫌われたくないばかりに間違いを正さない人、さらに問題が起こった時に上司に責めを帰するような人は、自分のことにしか関心がない人だといわなければなりません。

大きな問題が起きなくても、上司の存在は仕事に失敗した時の口実としては都合がいいでしょう。自分の無能力を棚に上げ、理不尽なことをいう上司のせいだと失敗の口実を作れるからです。

上司はなぜ理不尽なことをいうのか

上司の方にも問題があります。上司は部下が仕事上の重大なミスを犯すなどあれやこれやの問題があった時、必ずしもその問題が原因となって怒り心頭に発しているのではないのです。

たしかに部下が何か失敗をしたことと、上司がそれに対して叱るということの間にタイムラグがなければ、部下の失敗が原因で上司が叱っているように見えますが、このような場合も、上司がいつも必ず同じ対応をするとは限りません。部下の失敗にどう対処するかを上司は一瞬にして決めます。叱る上司は、そうすることで何かの目的を達成しようとしているはずだと考えることができます。

部下の失敗は上司が叱ることのきっかけにはなります。叱れば部下が悔い改め、以後失敗をしなくなると考える上司はいますが（この目的のためには叱ることは有用ではないことは先に見た通りです）、叱ることの目的はそれだけではありません。

感情的に叱らなければ部下が自分のいうことを聞いてくれないと思っていたり、普通にしていれば部下に軽蔑されて認めてもらえないと思っていたりすることも往々にしてあるのです。

叱る上司の屈折した承認欲求

上司が部下から認められたいと思っているということは、承認欲求に他なりません。多くの人は承認欲求を持っていますが、そこに依拠することには多々問題があります。

まず、一つには上司ならずとも、部下でも承認されたいと思う人は多いのですが、承認されたいと思う人は、どれだけ承認されても満足するということはありません。

次に、承認欲求がある人は、自分がしていることの価値を自分では認めることができません。そのため、自分の価値を他者に承認してほしいと思うので、承認する他者に依存することになってしまうのです。

この意味では、上司が部下から認められたいと思い、その意味で上司が実は部下に依存しているというのは、ずいぶんと奇妙なことだと思う人もあるかもしれませんが、なぜ部下に承認されないといけないのかを考えてみなければなりません。

仕事の遂行のことだけを考えれば、ただ言葉で指示し、仮に部下が失敗をしても、その責任を部下と共に取ればすむものを、そこに怒りの感情を介在させるのは、上司が理不尽な怒りを爆発させてでも、部下に承認されたいと思っているからなのです。そのやり方は理不尽で、上司の思わくとは反対のことが結果として生じることがあるとしてもです。

その理由は非常にシンプルです。理不尽に叱る上司は仕事では自分には能力がないことを知っているからです。本当に有能な上司であれば、部下を叱ったりはしません。能力がない自分がいうことを部下が聞いてくれないと思っているから叱るのであり、普通にしていれば、部下に軽蔑されるのではないかという思いがあるのです。

世の中に強制できないことが二つあります。愛と尊敬です。「私のことを愛しなさい」

とか、「私のことを尊敬しなさい」などといってみても、愛と尊敬に値しない人であれば愛されることも尊敬されることもありません。

本当に優秀な人はただ優秀であり、自分の優秀さを誇示するということはありません。「何事も証明しなければならない時には行き過ぎになる」とアドラーはいっています（『子どもの教育』）。上司に能力があるかは、証明しなくてもわかるものです。

能力のない上司は本来の仕事ではない場面で部下を叱りつけ、部下が落ち込むのを見て優越感に浸ります。勇敢に刃向かってくる部下がいても、そのような部下を押さえつけることでいよいよ自分が優位であることを誇りに思うのです。

「支戦場」で戦う無能な上司

仕事で有能であるためには、知識を身につけ、経験を積むという建設的な努力を不断にするしかありませんが、そういうことをしても自分が優位に立てないと思った上司は部下を本来の仕事の場ではなく「支戦場」に呼び出し、そこで部下を叱りつけることで部下の価値を貶《おとし》め、相対的に自分の価値を高めようとします。

アドラーは、このような上司の態度を「価値低減傾向」と呼んでいます。いじめや差別も同じです。いずれも自分よりも弱い人をターゲットにし、相対的に自分の価値を高めようとすることです。

自分が優れているかのように思い、そのようにふるまうことをアドラーは「優越コンプレックス」といっていますが、これは明らかに劣等感の裏返しです。劣等感を持った上司は、自分が能力がないことを部下から悟られてはいけないのです。

そこで、このような上司は、部下を叱りつけることで自分の権威を守らなければならないと考えます。しかし、本来、権威は上司にはまったく必要ではありません。権威に訴えなくても、有能な上司は自分がしかるべき尊敬を部下から受けていることを知っているからです。

しかし、権威的なリーダーは、たとえ部下が自分に従っているように見えても、恐れられているだけで、尊敬されているのではないのです。そのようなことも能力がない上司は知りません。

さらにいえば、無能な上司は部下が自分よりも有能になり、自立することを恐れているのです。上司の判断を待たず、自分の判断で動くようになると、自分の地位が脅かされることになると思うからです。

しかし、有能な上司であれば、部下が自分の判断で動き、やがて自分を超えることを喜びに思うはずです。なぜなら、部下が力を伸ばせたのは自分の指導がよかったからであることを知っているからです。そのことを上司は誇っていいのです。

部下が力を伸ばすことを喜びに思える上司であれば、部下を叱らなくても必要があればきちんと言葉で教えればいいことを知っているはずなのです。失敗した時も叱らなくても先に見たような仕方で責任を取りさえすればいいので、言葉で教えることができないと思う上司は部下を少しも尊敬していないことが明らかです。

権威的な上司は、自分が若かった時には上司から叱られたが、叱られたからこそ今の自分があるといいます。しかし、彼らは上司から叱られたから力を伸ばせたのではなく、上司から叱られたにもかかわらず力を伸ばせたというのが本当です。同僚の中には、そのような上司の下では働けないと考えて退社した人もあったはずなのです。

上司の承認欲求に応えるには及ばない

そこで、上司にきつく叱られたからといって落ち込むのも、上司の態度に怒りを感じるのも、どちらも上司の思う壺《つぼ》にはまることになります。上司は落ち込む部下を見て優越感を持つでしょうし、自分に刃向かってくる部下がいれば、いよいよ部下との争いを熾烈《しれつ》なものにし、それに勝つことで自分に力があることを部下に認めさせようとするわけです。

部下としてはこのような上司に何ができるでしょうか。上司は普通にしていたら部下に認められないと思っているのですから、普通に接すればいいのです。

アドラーは、すべての対人関係は対等の横の関係であるべきだと考えています。部下を叱りつける上司はもとより、上司を怖がる人も、上司と部下の関係は縦、あるいは上下であることを自明だと思っていますから、その関係を崩すことを恐れます。

縦ではなく、対等の横の関係を築くということは、言葉では理解できても、実際にどうすればいいことなのかわからない人は多いものです。縦関係以外の関係で部下と接することを勧めてみても、多くの上司はそうすることがいわば既得権益を失うことであるかのように恐れたり、また、部下と横の関係になれば部下になめられると思ったりするのです。

対人関係を対等の横にしなければならないという話をすると、職場では上司、家庭では父親、男女関係でいえば、男性が強く抵抗します。

上司と対等な関係を築く

部下の立場にある人は上司の思わくがどうであれ、普通に接することで対等の横の関係を築けばいいのです。このことは、上司を尊敬しないとか、ぞんざいに、あるいはそこまでいかなくてもタメ口で接するのがいいなどという意味ではありません。同僚に接する時と同じように接するというだけのことです。たとえ上司が感情的に迫ってきても、この上司はそうすることでしか部下から承認されないと思い込んでいるのだと思えば、恐れる必要はないことがわかります。

部下がこのように考えて上司に普通に接するようにすれば、上司はこの部下の前では普通にしていてもいい、ありのままの自分でいても認められるということが徐々にわかるようになるかもしれません。そうすれば、上司は部下に対して理不尽で威圧的な態度を取らなくなるはずです。

すでに見てきたように、部下も往々にして上司に認められようとしますが、このように上司も普通にしていては認められないと思って理不尽な態度に出るのであれば、部下としては上司のそのような態度に応じてはいけないのです。

上司の考えが間違っていると思えば、反論するべきです。真っ当な上司であれば、部下の指摘を受け、間違いを正すでしょうが、感情的に反発する上司もいるでしょう。そうであっても、上司の怒りはその上司自身が何とかするべき感情なので、反論した時に上司が怒り出しても、その上司の「感情」に反応してはいけません。

「誰が」いっているかではなく「何を」いっているかに注目する

さらにいえば、「誰が」いっているかではなく、「何を」いっているかにだけ注目しましょう。上司であれ、同僚であれ、部下であれ、もしもいっていることが間違っていれば誰であっても反論するだけのことですし、いっている内容に反論すればいいのであって、人格を攻撃するなどもってのほかです。

自分を抑え、上司に合わせることとは仕事とは何も関係ありません。部下に承認されようとする上司に対しても、部下はおもねったり、お世辞をいったり、機嫌取りをする必要はまったくありません。そのようなことで上司の承認欲求に応えないで、むしろ、上司が部下に承認される必要を感じなくなるような対応をすればいいのです。

貢献感はあくまで自分自身がそれを感じ、持つことであって、他者の評価や承認を必要としませんから、貢献感が持てれば承認欲求は消えます。

上司は、部下と共に仕事を首尾よく成し遂げ、リーダーとしての責任を果たすことができれば、貢献感を持つことができます。ですから、上司がするべきことは自分の仕事をきっちりとこなすことなのです。

いつか駅の窓口でかなり複雑な経路の切符を買ったことがあります。すべて指定席で往路と復路では乗降駅が違い、いくつも乗り継ぎをしなければなりませんでした。対応した職員は、私のたった一度の説明を聞き直すことなく、数十秒後に切符が用意されました。

何度も聞き直され、これでは最初にいったことを聞いてなかったのではないかと思ってしまう対応もよくあるので、驚きました。その時、隣にいた見習いらしい若い職員は先輩の対応を見て、私と同じように驚き、「すごいですね」といったところ、先輩職員は一言いいました。「プロだから」。部下の尊敬はこんなふうにすることでしか得ることはできません。

上司は自分の仕事をきちんとし、部下にも仕事をきちんと教えることができれば貢献感を持つことができます。貢献感を持てれば屈折した承認欲求から自由になり、理不尽な怒りを爆発させるようなことはやがてなくなるでしょう。

顔色を見ないで仕事をしよう

職場では働いて成果を出すことが先決です。それなのに、他者に認められようとして、他者の期待に沿うことが職場でもっとも気を配るべきことになれば、仕事はつらいもの以外の何ものにもなりません。成果を出すために協力することは当然必要ですが、仕事以外のことにあまりエネルギーを使わずに、仕事を達成することで貢献感を持てるようになれば、承認欲求からも必ず自由になれます。

上司の立場からしても、常に部下を自分の支配下に置こうとすれば、部下は上司が指示したことしかしなくなりますし、上司の顔色を覗い、失敗しないことだけに注意を向けることになります。そうなると、部下は創造性を発揮しよう、率先して何か新しいことを始めようとは思えなくなります。

仕事を断るには

断るのが苦手な人がいます。断ることによって生じる摩擦を恐れるので、摩擦が起きるくらいなら引き受けた方がいいと思って引き受けるのですが、この人は決して断らない人だと思われると、次からも仕事を押しつけられることになります。

仕事を断るとそれによって何らかの形の摩擦は起きるものだと思っておく方がいいのです。断っても相手が気持ちよくそれを受け入れるということはありません。

それでも、断らなければ、仕事の量は増え、早く帰るつもりが帰れなくなり、自分のプライベートな時間はどんどんなくなっていきます。プライベート（private）は、ラテン語のプリヴァーレ（privare）に由来します。「奪う」という意味です。自分の私的な時間は奪い取らなければならないということです。

仕事に限らず、断るにはコツがいります。理由をいわないことです。理由をいうと、必ず相手は食い下がってきます。「ダメです。無理です」の一点張り。相手が上司だと難しいかもしれませんが。

乗り気でない飲み会なども断りましょう。上司らは交流を深める機会だというかもしれませんが、共に仕事をする人が友人のような近い関係でなければならないわけではありません。飲み会に若い人を誘いたいのであれば、行くだけの価値のあるものだと思える努力をするべきであり、強要してはいけません。

もしも何か引き受けるのであれば、嫌々ではなく、気持ちよく引き受けましょう。断るのも引き受けるのも、自分の意思で決めるしかありません。いつも断れなかった人が断るのも、反対に、いつも断ってばかりいた人が引き受けるのも、勇気が必要ですが、思いがけず気持ちがいいことがわかれば、次回からは抵抗は少なくなるでしょう。

上司が部下に説明する

飲み会のことを書きましたが、若い人が飲み会に誘っても参加しないことを残念に思う、あるいは、不可解に思う上司がいれば、部下に飲み会が参加するだけの価値があるものであることを説得できなければなりません。そういうことをしないで、「今の若い者はどうこう」といっていてもだめです。上司の自慢話ばかり聞かされたら、部下はいよいよ出たくなくなるでしょう。

飲み会に限らず、部下にしてほしいことがある時、上司はなぜそれが必要なことなのかをきちんと説明できなければなりません。明日までに書類を提出するようにといった時に、部下はなぜ明日までに提出しなければならないのか、その理由を上司にたずねてもいいですし、上司はなぜ明日までに提出しなければならないのかをきちんと説明できなければなりません。とにかく命令だから従わなければならないというようなことは、もはや今の時代通用しません。

職場は誰かが変われば必ず変わります。その「誰か」はあなたです。

第四章

幸せに生きるための
これからの働き方

第一章で書いたように、働くことで貢献感を持つことができれば、自分に価値があると思えます。自分に価値があると思えなければ、対人関係の中に入っていく勇気を持てず、対人関係の中に入らなければ幸せになれないということでした。

そもそも私たちが生きていて幸せになれないのであれば意味がないと思います。本章では、幸せに生きるための働き方について考えてみます。

仕事のモチベーション

何のためにこの仕事をするのかを考えた時に、働かないと食べていけないとか、家族を養えないなどというようなことだけでは仕事を続けることは難しいでしょう。そのようなことは、たしかに大切なことです。ただ、仕事をしたいかしたくないかという選択の余地などなく、働かざるをえないということはあります。それでも、これだけでは仕事に対するモチベーションとしては弱いように思います。仕事を自分の中でどう意味づけるかが大切になってきます。

しかし、仕事は先にも見たように、アドラーのいう人生の課題のうちの一つでしかありません。ワーカホリックな生き方をする人は、アドラーの表現を使えば、「人生の調和」

を欠いています。

人生の課題のうち一つの課題だけが突出し、そのことを他の課題をおろそかにする口実にしてはいけません。三つの課題に調和が取れていることが大切です。しかし、調和というのは、仕事、交友、愛の課題を単純に時間的、あるいは空間的にバランスを取ることではありません。

人生の調和

ワーカホリックな人がいます。仕事が立て込んでいて、あれもできないし、これもできないとまわりの人にいい、自分でもそのような現状を仕方ないと思い込もうとします。「仕事の課題」だけがいわば突出している状態です。

アドラーは、このような状態を「人生の調和」を欠いている状態であるといっています。人生のどの一つの課題も他の課題よりも重要であるということはないのです（『個人心理学講義』）。

ワーカホリックな人は仕事を最優先し、他のことを犠牲にします。そのような人は、仕事が大変なので他のことは何もできないというでしょうが、実際にはそうではなくて、他のことをしないために、ワーカホリックな生き方を選んでいます。仕事が他の人生の課題をおろそかにする免罪符になっているのです。

それでは、仕事に逃げずに人と関わってさえいればいいかといえばそうではありません。愛こそすべてというような人生を送っている人がいます。二人の愛が成就すればそれでいいといわんばかりで、仕事も適当にし、交友関係も大切にしないので、二人の絆は強まるように見えても、友人を失い孤立してしまうことになります。

ワーカホリックな人も恋愛至上主義者も、仕事、あるいは恋愛という自分にとって一番重要な目標を達成するために、直接そのことに役立たないことを排除しようとします。正確には、仕事や恋愛が究極の目標だということにして他の人生目標を排除しようとするのです。

一つの課題への優先的取り組み

アドラーは人生の調和を取ることの重要性を説く一方で、時に必要があれば、一つの課題に優先的に取り組まなければならないことがあるといいます。そのことを哲学者を例にあげて次のように説明しています。

「もしも哲学者が仕事を成し遂げたいと望めば、いつも他の人と昼食や夕食に行けるわけではない。というのは、自分の考えをまとめ、正しい方法を用いるために、長い時間ひとりでいなければならないからである。しかし、その後で、再び社会と接触することを通じて、成長しなければならない。このような〔社会との〕接触は、哲学者の成長の重要な部分である」（『個人心理学講義』）

私はこの一節を読んで、プラトンの「洞窟の比喩」を思い出しました。人は子どもの頃から手足も首も縛られたままで動くことはできず、前方ばかり見ているので、頭上にある燃える火に照らされて壁に映る事物の影を本物だと思い込んでいます。しかし、ある時、縛めを解かれ、首をめぐらすよう強制されます。そうすると、明るい火で目が眩みますが、もはや壁に映る影を見ても本物（真実在、イデア）と見誤ることはありません。イデアを見てしまった哲学者は、その真理、あるいは理想の世界に留まることを許されません。再び洞窟の中に戻っていかなければならないのです（『国家』）。真理を見てしまえば、哲学者自身はそれで満足するはずです。その上、現実に戻ることなど必要はないともいえます。

アドラーの言葉を使うならば、哲学者は一旦、思索という課題に他の課題を傍に置いて取り組まなければなりませんが、イデアを見た後は、「交友の課題」に立ち返り、再び社会と接触しなければならないということです。

哲学者の思索は仕事の一つの例であり、本当に必要なことであれば、他の人生の課題を少なくとも一時的には棚上げにして、仕事の課題に取り組むことが必要です。学生が試験勉強や受験勉強に専念するのも同じです。

人生の調和を本当の意味で取るためには、働くことを生きることの中でどう位置づけるかを必ず考えなければなりません。誰もが必ず働かなければならないのか、あるいは、仕事について価値の違いがあるのかどうか、また、そもそも働くことは生きることにおいてどんな意味があるのかということも考えなければなりません。

賞罰教育が競争を生み出す

自分の子どものことでも、自身の子どもの頃のことでもいいのですが、同じ親から生まれ、同じ家庭でほぼ同じ環境で育ったのに、きょうだいの性格がまったく違うことがあります。

きょうだいの性格が違ったものになるのは、親が叱ったり、ほめたりして育てたからです。このようにして子どもを育てると、必ず子どもの間に競争関係が生まれるからです。なぜなら、子どもたちは何とかして親に注目されたいと思いますから、最初はいい子になったり、学校でいい成績を取ったりすることで親からほめられようとします。

しかし、勉強を例にすれば、勉強が難しくなると、試験で悪い成績しか取れなくなります。そうすると、多くの親は叱ります。子どもは親にほめられるいい子になれないと思うと、一転して、悪い子どもになろうとします。積極的な子どもは問題行動をしますし、消極的な子どもであれば、学校に行かなくなったり、神経症になったりします。

そもそも、親に注目されたいと思うこと自体がすでに大問題です。親から注目されたいと思う子どもは、自分では自分の価値を認めることができず、親や大人から自分の価値を認めてもらわなくてはいけなくなってしまうからです。叱られないように親の顔色を覗うようになると、何かをする時に、叱られないこと、またほめられることが、その行動が適切なものかという判断をする基準になってしまいます。

そこで、親が勉強することが大切だと思っていれば、子どもは勉強をして親にほめられようとしますが、いい成績を取れない子どもは、親から叱られるようなことをしてでも親に注目されようとします。

このようなことが、職場でも起こります。上司から叱られたくない、ほめられたいと思う部下の間に熾烈な競争関係が生じるのです。幼い頃から賞罰教育を受けて育ち、大人になった人は、どんな形であれ、自分がしていることを誰かから認められたいと思い、他の人と競います。

仕事で成果を収めることができれば上司にほめられるかもしれませんが、ほめられさえすればいいのだと思うようになるかもしれません。また、第三章で見たようにほめられないのであれば、上司から叱られてもいいから注目されたいと思い、問題行動を起こすか、仕事を休むようになるか、あるいは、失敗ばかりを繰り返すようになるかもしれません。

競争は精神的健康を損なう

今ある状態をより優れたものにしようとすること自体には、何の問題もありません。人は三つのことをして生きています。「できること」「したいこと」「するべきこと」です。シンプルに考えれば、自分にできることは「できること」しかないので、できることをすればいいのです。

しかし、今ある状態とは違う状態になりたいと思うことはあります。病気になった人は、養生し、リハビリに励むことで、自分にとってのマイナスの状態（病気の状態）からプラスの状態（健康な状態）を目指します。たとえ、回復を望めないとしても、少しでもプラスに近づこうとします。

しかし、このような努力が、一度、他者との競争になれば、不健全で厄介《やっかい》なものになってしまいます。競争に負けた人はもとより、競争の中に身を置いている人は、たとえ競争に勝っても、いつ負けるかもしれないと思い、気が休まる暇がありません。競争は精神的健康を損なわせる一番の要因です。

職場においては、競争する人は、他者との競争に勝ちさえすればいいと思い、そのためには手段を選びません。仕事で失敗したらそれを隠そうとするかもしれません。

さらに、仕事のプロジェクトを遂行するためには協力することが必須なのに、競争して生きてきた人は、協力することを知りません。協力を知っている人は必要があれば、協力することができますが、そうでない人は協力することができないのです。

競争原理に基づいている限り、その組織は病んでいるといわなければなりません。たとえ、問題行動をする一人の部下が立ち直っても、競争することが当然とされている限り、必ずや別の問題を起こす人が出てきます。だからこそ、部下を競わせてはいけないのです。

社会全体でも競争が当然のこととされ、小さい頃から他の子どもたちと競い、他者を蹴落としてでも、入学試験に合格し、一流と呼ばれる会社に勤めようとします。

このような競争はどこにでもあるではないかという人もいるでしょうが、どこにでもあるからといって、競争が正しいものだとはいえません。

私は、入学試験のようなものであっても他者との競争ではないと考えています。例えば、すべての人が自分が希望する大学に入れるわけではありませんから、形の上では選抜試験を受けなければなりません。しかし、本当に自分がしたいことがはっきりとわかっている人であれば、試験を受けることを他者との競争だとは考えたりはしません。

競争から降りる

ライバルの存在自体もそれ自体は問題ではありません。ライバルがいれば、励みになるからです。しかし、そのライバルと目する人と競争するとなると話は違ってきます。

アドラーは、今ある状態とは違う状態になりたいと思うことを「優越性の追求」と呼んでいますが、健全な優越性の追求は先に病気の人が健康を少しでも取り戻そうとすることに見られるように他者との競争は問題になりません。

優越性の追求という言葉から「下から上」をイメージしてしまいますが、実のところ、平らな地平を皆が前へと向かって進むというイメージの方がアドラーの意図を正しく表しています。自分よりも前を歩いている人もいれば、後ろを歩いている人もいます。そんな中をそれぞれが一歩一歩前に進んでいくのが、優越性の追求です。

歩いている所も違いますし、歩く速度も違いますが、たとえ誰かに追い抜かれても、今いる場所から少しでも前に進むことができれば、優越性を追求していることになるのです。

これは競争ではありません。対人関係を競争と捉えている限り、対人関係の悩みが尽きることはありません。競争という土俵から降りればどれほど楽なことか。しかし、一度も競争から降りたことがない人は怖くてたまりません。

第一義を取る

『大漢和辞典』を著した諸橋轍次《てつじ》は、生来虚弱でしたが白寿までの長命を保ちました。

ある時、「あなたはなぜ長生きしたのですか」と問われ、言下に「義理を欠いたからです」と答えたといいます（評論家の紀田順一郎による）。

これに対して、江戸時代の蘭学医・緒方洪庵《おがたこうあん》は、生涯のもっとも大事な時、後進の教育にもこれからという時に、将軍家の主治医になることを命じられました。「老後多病の身」として再三再四固辞したにもかかわらず、やむをえず受諾しました。心労のせいか緒方はその後一年も経たないうちに五十四歳で病死しました。

紀田順一郎はこの二人をあげて、「家族の幸福を犠牲にしてまで、義理は果たさない。そう当たり前のことをいい切れる人が出るまでに、日本では長い、長い時間がかかったものです」といっています。しかし、まだまだそう言い切れる人は少数派でしょう。

美術家の篠田桃紅《とうこう》が、「百歳はこの世の治外法権」であり、百歳を過ぎたら冠婚葬祭の付き合いを欠かすことがあっても、誰も自分を咎《とが》めないと書いているのを読み、おもしろいと思いました（『一〇三歳になってわかったこと』）。パーティなども、出席することを無理だろうと半ば諦められているので、事前の出欠表明は強要されず、出席すると喜んでもらえるといいます。

当日になって、出たければ行けばいいということだけで決められたら、義理を欠くのではないかと恐れずにすみます。親しくしていた人が亡くなることも、私の歳になると増えてきましたが、葬儀に行かなければ義理を欠くのではないか、行かなかったらどう思われるだろうと思い、故人を悼む気持ちがどこかに行ってしまうのはおかしいでしょう。故人を悼むのであれば、どこにも行かずに一人でできるでしょう。

もちろん、行きたいと思えば行けばいいのです。入院している友人を見舞った方がいいのかと迷っているという人がいました。今は、かつては本人に告知されなかった病気でも治癒するようになり、本人に告知されることが増えてきましたが、友人は告知されていませんでした。

「私が行ったら、自分の病気がただならぬものだと悟られるのではないでしょうか」

そう聞かれた時、私は「問題はあなたが見舞いに行きたいかどうかだ」と答えました。直接会って友人の様子を見なければ気がすまないのなら行くしかないのです。

私が入院していた時、友人が見舞いに駆けつけてくれて嬉しかったことを思い出します。私の様子を知りたくて駆けつけてくれたから嬉しかったので、「暇そうにしていると思って、きてやった」というようなことをいわれても嬉しくはなかったと思います。

いつも何が一番大切なのかを見極めることが必要です。長崎で被爆した作家の林京子がこんなことを書いています。同窓会に行くことになったある時、着る服がないから行けないと元夫にいったところ、彼はこういいました。
「君はお友達に会いたいの？　それとも洋服を見せに行きたいの？」（中略）
「お友達に会いたい」（中略）
「じゃあ第一義をとりなさい。第一義を決めたら、あとの不要なものは捨てなさい」（『被爆を生きて』）
これが以後、林の生き方の基本になりました。林は、弱者を見捨てようとする政府の福島原発事故への対応を批判しています。一体、何が一番重要なのか。生命ではないのか。林はこう語ります。
「命を大事にしないということは、裏返せば命より大事なものがある、ということだ」（前掲書）
そんなものはないのです。
話を戻すならば、私たちが働く時、何が第一義なのかをよくよく考えてみなければなりません。

自分が第一義を決める

仕事は他の人との競争でもありませんし、仕事において何が一番大事なことなのかがわかっていれば、他の人がどうするかということ、また、自分が決めてしたことであれば他の人からどう思われるかということを気にかけることはありません。第一義を取るというのはそういうことです。

例えば、医療関係の仕事であれば、患者の生命を救うこと、また、回復の援助をすることが第一義のことなので、基本的には患者の利益を優先して考える必要があります。

入院していた時、消灯の時間はとっくに過ぎているのに、夜眠れないことがよくありました。もともといつも深夜まで仕事をしていましたから、病院の夜は早く、消灯時間が二十一時というのは信じられない思いをしましたが、眠れないのはそれだけが理由ではなかったでしょう。

ともあれ、眠れない時に深夜勤の看護師さんの見回りの時間になると、叱られるのではないかと恐れたものです。寝たふりをしてやり過ごせばいいわけなのですが、いつもそうするわけにはいきません。

ある日、見回りにきた看護師さんは私が寝ていないのを見て、私に「まだ眠れないのですか」と声をかけました。決して咎めるような批判的な響きのないこの言葉を聞くと、不思議にたちまち穏やかな眠りにつくことができました。

私は好んで起きていたわけではないので、病院の規則を振りかざして、早く寝なさいというようなことをいわれでもしたら、反発したかもしれませんが、その時の私の気持ちをわかった上での対応でした。病院の規則を厳密に適用しようとするのであれば、私のような患者がいつまでも起きていることを黙認してはいけないのでしょうが、大事なのは規則の徹底ではなく、患者の安心を第一義に考えたその看護師さんは私を責めることはありませんでした。

やはり入院していた時、用事があってナースステーションまで行くことがありました。そこにはたくさんの看護師、医師がいて、一様にパソコンにデータを入力しています。私が行っても、私に気づいて目をあげる人はいませんでした。

本当に忙しく、気づかなかったのかもしれませんが、私は穿《うが》った見方をしてしまいました。つまり、私に気づいて、ディスプレイから目を離し私を見たら、私に用件を聞かなければなりません。そうなると、早く片付けなければならない仕事があるのに、私のことで時間を取られたくなかったのではないかと思ってしまったのでした。

こんな時、患者や家族はナースステーションに必ずくるということを知った上で、いつでも対応しようと決めておけば、用事があってナースステーションにやってくる患者を煩わしいとは思わないでしょう。用件が必ず面倒なものであるとは限りません。大抵はすぐに済む用事なので、他の人が気づかなくても、率先して対応してもいいでしょう。

そうすることで、たとえ患者や家族から感謝の言葉をかけられなくても、貢献感を持てるはずです。

私はナースステーションにいる人が皆一心不乱にディスプレイを見ているので「すみません」と遠慮して声をかけました。特定の医師や看護師を呼び出すこともありましたが、誰でも対応できる人がいればと思って声をかけても、すぐに呼びかけに応じてもらえませんでした。

呼びかけに応答することが「責任」という言葉の本来的な意味です。英語ではresponsibilityといいますが、患者の呼びかけに応答できることが看護師や医師の責任ですし、応答しようとはせずにディスプレイばかり見て気づかないふりをする人がいれば、そのような人は、患者の呼びかけに応答しないという意味で無責任なのです。

他者にどう思われるかを気にしない

このように他の人がどうするかはともかく今何をすればいいかを判断し、行動に移すことが他の人との関係に摩擦を起こすことはありえます。しかし、何が第一義かを考えれば、今何をすればいいのかがわかります。

看護師や医師の場合は患者や家族のことを何よりも考えるべきであり、たとえ自分の仕事を後回しにすることになっても、話を聞かなければなりません。問題は、そのようなことをすれば、患者や家族が他のスタッフにも自分がしたことをすることを期待するようになり、そうなると、一人が自分の考えでしたことが、他のスタッフにも負担をかけることになりかねません。

そのことで批判されるかもしれませんが、もちろん、批判する他のスタッフこそ問題なので、他のスタッフは、患者さんに受けがよいことを自分もするか、同じことをしないで患者からよく思われないかのどちらかの選択肢しかありません。

私が入院していた時、担当の一人の看護師さんは看護学校を卒業したばかりでした。彼は自分が担当した患者が退院する時に手紙を書いて渡すことにしていました。その話を聞いた時、そして、私自身が退院する時に手紙をもらった時、嬉しかったのですが、一方で、先に書いたようなことが起こらないか、心配になりました。患者としては、手紙を書いた看護師のことをよく思うでしょうが、同じことを病棟の看護師が皆できるわけではないからです。

ある年の夏、実家が台風による大雨で床上浸水しました。私は子どもの頃から何度も浸水を経験してきたのですが、もう何年も大きな台風がきても浸水することはなかったので、この年は本当にがっかりしました。台風はすぐに過ぎ去りますが、台風が残した被害はいつまでも生活を困難にするからです。

市の支援を受けるためには、罹災《りさい》証明書を発行してもらわなければなりません。そこで後片付けの合間に市役所まで行きました。ところが、申請した日には証明書を発行できないと窓口に出てきた職員はいうのです。この書類を取りにくるために仕事を休んでいるのに、受け取るためにまた出直してくるなどありえないという話をしましたが、埒《らち》が明かず、押し問答になりました。

それを聞きつけた若い職員が「私が何とかします」といって、上司に掛け合ってくれました。しばらく待たされましたが、無事証明書を発行してもらえました。その人が一体上司とどんな交渉をしたかはわかりませんでしたが、おそらくは今は杓子《しやくし》定規にではなく、柔軟に対応するべきだと説いてくれたのでしょう。よく考えるまでもなく、一度で証明書を発行できれば役所の方にもメリットがあるはずですし、私も二度手間にならずありがたかったのです。

このようなことも職場の規則を考えると、前例を作ってはいけないというようなことをいわれるかもしれませんが、時には、特に緊急時には、規則に固執していてはいけないでしょう。

そのような時に、他者の思わくを気にかけることなく、自分が正しいと思ったことをきちんと主張し、実行したいと思いました。

失敗した時にどうするか

誰もが最初は初心者ですから、知識も経験も十分ではない新人が一度も失敗をしないということはありえません。仕事によればたった一度の失敗も許されません。先に述べましたが、看護師や医師は失敗で患者の生命を奪うということもありえます。

それでも一度の失敗もしなかったという人があるとは思いません。失敗した時の責任の取り方については、第三章で主に上司の対応という観点から考えてみましたが、ここでは、もう少し具体的に失敗した時にどうすればいいのか、あるいは、しかるべき責任を取れないということがあればなぜなのかについて考えてみます。

ある看護師が、点滴の薬を間違えて別の患者のベッド脇にある点滴台にセットしようとしたことがありました。そのことにすぐに気づいた患者が間違いを指摘したので、大事には至らなかったのですが、意識のない患者であれば当然間違いに気づくことはなく、指摘することもできなかったでしょう。

その看護師は指摘されたので「すみません」といって、正しい薬をセットし、患者もそのことを大事にすることはありませんでした。ですが、後でこのことを患者である夫から聞いた妻が激怒し、師長に抗議しました。すでに帰宅後だった看護師は呼び戻され、謝罪させられました。

二つの問題を指摘できます。

一つは、このような医療過誤については必ず報告する義務があるはずですが、その義務を怠ったことが問題です。今のケースでは必ずしも故意に隠したとは思いませんが、失敗をした看護師や医師が隠蔽《いんぺい》しようとするかもしれませんし、組織ぐるみで隠蔽しようとすることはありえます。

不祥事が発覚した時に企業の幹部が頭を下げて謝罪しているところをテレビで見ることがありますが、自分たちで事態を把握して謝罪したというよりは、あわよくば発覚しないことを願っていたが、外部からの指摘があってやむなく謝罪会見に追い込まれたというふうにしか見えません。

私はこのようなことは賞罰教育の弊害であると考えています。叱られて育った人は、叱られないようにすることばかりを考えるようになります。だからこそ、失敗した部下を上司が厳しく叱責すると、いよいよ部下は失敗を恐れ、失敗した時には隠すようになってしまうのです。

先にも見たように、同じ失敗をしないためにどうするかを上司は部下にきちんと教える必要があります。その際、上司は感情的になる必要はなく、どうすればよかったかを教えればいいのです。

部下の失敗に抗議をしてきた人には上司は部下と一緒に謝罪しなければなりません。決して先方と一緒になって部下を責めることはあってはなりません。部下の失敗は上司の責任であることは先にも見た通りです。こんな時は部下を守るのが上司の仕事です。それなのに、これも先に見ましたが、上司が自己保身に走って抗議をする相手（学校ならば親、会社ならば取引先）側についてしまうと、相手から責め立てられた部下は立場がなくなり、仕事を続けられなくなるという事態も起こりえます。

今のケースでは、点滴をセットする時には、必ずフルネームで名前を確認することを徹底することで、失敗を回避することができます。私の担当だったベテランの看護師さんたちは、このような場合、私に必ずフルネームをいうように求めました。ベテランであるほど、このような初歩的な、しかし、事故を避けるためには必須の手続きをおろそかにしないということを知りました。

父が入院していた時、看護学校を卒業したばかりの看護師さんが点滴の針を交換することになりました。感染予防のために針を定期的に交換しなければならないのです。父のような高齢者の場合、針を刺す血管を見つけることはベテランの人でも容易ではありません。

たまたま私が行った時にその場に居合わせることになりました。固唾を呑んで見守っていたところ、看護師さんの表情からうまくいかなかったことがわかりました。

すると、その看護師さんは大きな声でいいました。

「すみません。失敗しました」

父は晩年、気難しく、医師と治療方針や態度をめぐって大喧嘩をすることもありましたが、この時は看護師さんに「かなわんなあ」といって大きな声で笑い出したので、私は安堵しました。

失敗は避けたいですが、失敗した時には、正直にすぐに誠意を持って謝罪することが大切です。

過剰に失敗を恐れない

もう一つは、失敗することは避けたいですが、過剰に失敗することを恐れると、あるいは正確にいえば、失敗して叱責されることを恐れると、自分で創意工夫して仕事に取り組まなくなります。叱られないことばかりに気を使っている若い人は職場で大きな問題を起こさないかもしれませんが、他方、創造的な仕事をすることはできません。

おそらくは組織全体が大きな失敗をすることを恐れ、保守的になっているのです。そんな中で失敗を恐れない若い人は貴重です。

失敗を恐れることの問題は、挑戦しようとしないで逡巡《しゅんじゅん》して動かないということです。失敗を恐れる人は「もしも〜ならば」が口癖になります。もしも新しい仕事が見つかったら、もしも子どもたちが大きくなったら、もしもこの病気が治ったら……そういったすべてのことが実現することを実際には望んでいるわけではありません。可能性の中に生きている限り、挑戦して失敗することはないからです。

アドラーの言い方を使えば、「もしも」は課題から逃避するための「唯一確実」な方法です（『人はなぜ神経症になるのか』）。成功した時に学ぶことは多くはありません。失敗は時に致命的なものになるので、できれば避けたいですが、失敗からこそ学べることはたしかにあります。ですから、失敗の責任を取ることを覚悟して、失敗を恐れず、仕事に挑戦しましょう。

運が悪いですませない

ある日タクシーの運転手さんとこんな話をしたことがあります。

「お客さんを乗せていてこんなことをいうのもなんですが、お客さんを乗せてしまったら、後は目的地まで安全に運転すればいいわけで、この時間は〈仕事〉をしているわけではないのです。

では、いつが私にとって〈仕事〉かといえば、お客さんを降ろして、次のお客さんが乗る時までです。その時にただ漫然と車を走らせていてはいけないのです。どこでいつお客さんを拾えるか情報を集めるのです。こんなふうに考えて十年間車に乗ると、その後の十年が変わってきます。『「客が少なくて」「今日は運が悪かった」』といっているようではこの仕事はやってはいけないのです」

客が少ないことを運のせいにしている限り、事態を改善する手を打とうとはしないでしょう。別の運転手さんは、パソコンを助手席に置いていました。どこで、何歳くらいの、どんな仕事の人を拾ったかというような情報をデータベースにインプットして、後から分析するということでした。

職場のあり方について疑問を感じた時

自分が働いている職場が何の問題もないということはなく、勤め始めた最初の頃は見えなかったのに、少しずつ内情がわかると、疑問に思うことが多々あることに気づくことがあります。

入院していた時に、ある看護師さんとこんな話をしたことがありました。

「私はおじいちゃん子なんです。中学生の時、そのおじいちゃんが入院したことがあって、見舞いに行きました。そうしたら、髪の毛も梳《と》かしてもらえず、髭《ひげ》も伸び放題だったんです。看護師さんはそこまでしてくれなかった。それで私は毎日通って身体を拭いたりしました」

「それが看護師になろうとしたことの動機になりましたか？」

「ええ、〔患者が〕人間らしくあるにはどうすればいいか、考えました。看護師も入院してみないと見えないことがたくさんあるように思います」

看護をする視点からではなく、患者にとって病気になること、治療のために入院することがどんなことなのか共感できなければ、看護師として何ができるかを理解することはできません。

この看護師さんは、祖父が入院した時の経験から、患者にとって本当に必要なことは何かを考え、現状の病院で行われていないのであれば、自分自身が看護師になって自分の祖父にはできなかったことをしようと決心したことに私は驚きました。

このような決心は仕事に就く前だからできたことだとも考えることもできます。患者はただ治療を受けるために入院しているわけではありません。病気のために痛みがあるなど入院生活はつらいものではありますが、それでも可能な限り、快適な生活が送れるに越したことはありません。

私は入院中、長く入浴できなかったので、病室で身体を拭いてもらっていました。この看護師さんは身体を拭くだけではなく両足を湯に浸して温めてくれました。他の人は誰も足湯まではしなかったので、自分で決めてのことだったのでしょう。先に見た新卒の看護師さんが退院時に患者に手紙を書くのと同じように、職場ではそのことについて何かいう人があったのではないかと思いました。

入院したことがある人は経験したことではないかと思うのですが、ナースコールを押しても、なかなかきてもらえないことがあります。「すぐに行きます」の「すぐ」の感覚が患者と看護師とでは違うのではないかとも思いました。

先の足湯をしてくれる看護師さんは朝その日の予定を伝える時に、時間をいいました。例えば、清拭《せいしき》は何時にしますというふうにです。当然、私としてはその時間が近づくと訪室を待つことになりますが、約束していた時間にこられないことが判明した時点で、その看護師さんはくるのが遅くなること、何時頃にくるとそれだけのことをいいに部屋に立ち寄るということがありました。

本当に忙しい時にはこんなことすらできないでしょうが、忙しいという現実がある時に、それを仕方がないと思わず、本来こうあるべきだと考える看護ができる工夫をすることが、現実を少しでも変えることを可能にするのです。

目標を変えてもいい

第一章で転職について考えましたが、一度就職先を決めたからといって、そのことに固執する必要はありません。目標を設定してみても、初めからすべてのことを見通すことはできないのですから、もしも思いもかけない事態が生じたのであれば、その時点でこれからどうするかを考え直してもいいのです。

行き詰まったのであれば、そこで決断し直せばいいだけです。困難、あるいは不可能だと思った時、目標の達成に固執したり、反対に、一つの方向で道を遮られても、目標そのものを放棄したりしなくてもいいのです。目標を変えず、それに固執することは、人生の無駄遣いになってしまいます。

とはいえ、やり始めたことは苦しくても最後までやり遂げなければならないと考える人が多いように思います。やり始めたことを完遂することはたしかに立派ですが、苦しいことを続けること自体に意味があるわけではありません。自分に向いていないと判断した仕事を辞めれば、その仕事を他の人に回すことができるのです。

母が脳梗塞で倒れた時、毎日、病床にいた私は、母のように意識をなくした時でも生きる価値があると思えるだろうか、このような時も価値があるものは何かと考え続けました。当時、私は哲学を学んでいましたから、お金には縁がない人生を送ることになるとは思っていましたが、いつか大学教授になるのだと漠然と考えていました。なお名誉心はあったわけです。

しかし、母を見て名誉心すら意味がないことを知ってしまった私は、母の死後半年で大学に復帰した時には、もはや元の自分ではありませんでした。人生のレールから大きな音を立てて脱線したように思いました。

進路を変えるには勇気がいる

母の病床で、率直にいって、限られた人にしか通じない言葉で限られた人にだけ自分の成果を伝える研究者として生きることは私には向いていないことに思い至ったのです。私には向いていないというだけで、研究者として大成した仲間は多くいますし、専門の枠組みを超えて、誰にでもわかる言葉で、研究の成果を発表している人はいますから、研究者が専門家にしか通じない言葉で語っているというのは、不当な見方だと見る人はあると思います。

その後、私は研究者として生きる以外に何ができるかわからないままに、論文を書いたり、大学の非常勤講師をしたりしていました。子どもが生まれると、決して親の思うようにはならない子どもと格闘することになりました。そんな私に友人が個人心理学を創始したアルフレッド・アドラーのことを教えてくれました。

友人は私にアドラーの『子どもの教育』を読むよう勧めてくれました。私は一読してたちまちアドラーの虜《とりこ》になり、彼こそ私が探していた思想家だと思いましたが、それでもアドラーの研究者になることは、それまで長い間に身につけた哲学の知識を無駄にする気がしました。

母の病床で、生きることの意味は何か、幸福とは何かと考え抜いた結果、哲学の歴史ではなく、哲学そのものを学ぼうと決心をしていた私は、アドラーの思想が私が母の病床で考えたのとまさに同じテーマを扱っているのを知り、それまで学んできた哲学を深めこそすれ、身につけた知識を無駄にすることはないと考えたのです。

その後アドラーに関して多くの人の目に触れる本を書いたり、多くの人の前で話をしたりする機会を持てるようになり、今は若い頃に感じたためらいが嘘のように消えました。

仕事の内容を変えていく

転職するのでなくても、また大きく方向転換をするのでなくても仕事の内容は変わっていきます。職場での配置転換もあります。役所であれば、配置転換によって、転職するのと同じくらいの変化があると公務員の友人に聞いたことがあります。

当然、また新たに仕事に必要な知識を身につける必要がありますが、このことを大きな負担だと思うか、新しいことを知ることができて嬉しいと見るかでは働く姿勢が変わってきます。

あるいは、このような変化がなくても、自分の仕事の仕方を変えていくことはできます。私は、長年学生に教えていますが、教える内容が基本的に変わらなくても、学生が毎年変わりますから、同じ講義をすることは不可能です。

昔は何十年も同じ講義ノートを読み上げる先生はたしかにいました。私が学生の時に教えを受けた先生方の中には学生の理解力など無視していたのではないかと思いたくなるような難解な講義をする先生もいましたが、決して同じ講義を毎年繰り返すことはなく、必ずテーマを変えていました。

学生は先生が読み上げる言葉を必死で書き留めました。先生の講義はやがて雑誌に論文として掲載され、さらにそれはまとめられて本として出版されました。

同じ仕事を十年一日のように繰り返すことはできません。こなせる仕事も量も増えていきます。熟練すれば、最初の頃よりは多くの仕事がこなせるようになりますが、ただ同じことを繰り返した結果、熟練したのではなく、仕事への取り組み方を工夫した結果なのです。

仕事が楽しくない時には

仕事が楽しくない時には、何のために働くのかということを考え直さなければなりません。仕事が楽しくない時に考えられるのは、一つにはまだ自分が取り組んでいる仕事のことがわかっておらず、仕事の遂行に必要な知識、技術ともに十分身についていないということです。

この場合は、しっかりと学び、経験を積み重ねていかなければなりません。仕事が楽しいとは仕事に習熟してこそいえることであり、初めから楽しくて仕方ないというような仕事はないと考えた方がいいでしょう。

次に考えられることは、仕事にどれほど習熟したとしても、その仕事によって何らかの仕方で貢献感を持てなければ楽しいとは思えないということです。すでに何度も見てきたように、他者に貢献していると感じ、自分に価値があると思える時に「仕事は何のためにするのか」という問題を解くヒントを得ることができます。

仕事は自分を犠牲として誰かに尽くすことではありません。自分を犠牲にするということでなくても、自分の仕事の成果を他者に提供するためにだけするものではありません。他方、誰かのためでなければ、ただ自分のためや、お金を稼ぐためだけに働くわけでもないのです。

貢献感という言葉の意味はわかっても、一度も感じたことがない人には、冬の寒さを暑い夏の最中に、夏の暑さを寒い冬の最中に感じようとするくらい難しいことです。もちろん、それがどういうものかは理解できますが、実感することは容易ではありません。

やる気が出ないという人は多いように思います。先に述べたように同じ仕事をしていても、自分にしかできない仕方でするという工夫をしなければ、仕事にはやがて慣れてくるでしょうが、あまり意欲がわかなくなります。

やる気が出ないというのは、多くの場合、本当ではありません。実際には目下取り組んでいる仕事から逃げたい、少なくとも積極的に取り組みたいとは思わない人が、やる気が出ないことを仕事をしないことの理由にしているのです。

率直にいって、仕事をしたくない人には、いつまで待ってもやる気は起こりません。もしもやる気を出したいのであれば、そのための工夫をしなければなりません。

まず、自分が何のために仕事をしているのかという本書で考えてきたことをしっかり理解しなければなりません。自分がしている仕事が何かの形で他者に貢献していると感じられなければ、仕事を続けることは難しくなります。

次に、待っていてもやる気が出ないのですから、やる気が出ようと出まいと、例えばパソコンの前にすわってみることは必要です。レポートであれ論文であれ、書くことが仕事であれば、半日、すわっていても一行の文も打てないことがありますが、何でも思いつくことを、たとえそれが今書こうとするテーマとは関係がなくても書いてみると思いがけず書き継ぐこともできることもあります。

その場から離れると、不意にいいアイディアが思い浮かぶことがありますが、仕事以外のことができる状況に身を置いてしまうと、仕事をしたくなくなるかもしれません。

パソコンもできればずっと電源をオンにしておくのがいいのです。やる気がない時にはシステムが立ち上がる前に逃げ出したくなるからです。

本も仕事に使っているものは、閉じないで読んでいるページのところで伏せておくのです。急ぎの仕事ではやる気が出る、出ないに関係なく、締め切りがありますから取り組むしかありませんが、時間に余裕がある時にはやる気が出ないといってみたくなります。そんな時でも、自分で決めた時間はパソコンの前から離れないでいると、少しは仕事が進むかもしれません。

マンネリに陥るのではない

マンネリ（マンネリズム）という言葉もよく使われます。最初の頃は何をしても喜びを感じられたのに、新鮮な気持ちが失せると、くる日もくる日も同じことの繰り返しのように思えてしまいます。目覚ましい成果を上げることができなくなり、何か創造的なことをするよりも、大きな失敗をしないようにと姿勢が後ろ向きになってしまいます。

そんな時に上司からきつく叱られたりしようものなら、叱られたことを理由にしていよいよ仕事に積極的に取り組もうとはしなくなります。

このようなマンネリに「陥る」のではありません。そのようにいうのは、ちょうど本当は自分の意思で怒ったのに「ついカッとした」というのと同じで、自分の意思で自分をマンネリの状態に置いているだけです。

仕事でマンネリに陥っていると思う人は、生きていることもマンネリと思っているのかもしれません。仕事だけがマンネリで、遊ぶことなどは充実しているのならいいのですが。若い人が「何か、おもしろいことない?」といっているのを耳にすると驚きます。

日々同じことが繰り返されるばかりで、新しいことは何も起こらないと思っている人がいるとすれば、実際に何も起こっていないというより、たとえ新しいことが自分のまわりで起こっていても、気づいていないからです。

このようなことにならないためには、生き方そのものを見直す必要があります。

この瞬間を見逃さない

旅に出れば、家を出たその時からたとえ通勤時に見慣れている景色であっても違って見えます。旅先で目にする景色に心を奪われます。

しかし、同じことを日常生活の中でも感じていけないわけではありません。ある日、電車の窓から外を見ると夕日が沈むのが見えました。いつも電車の中から美しい夕日を見ることはできません。天候が悪い時もありますし、日没の時間に電車に乗っていなければそもそも見ることはできないのです。たとえ電車に乗っていても、電車の中のどこにいるかで見えないこともあります。

そのようにいくつかの偶然が重なって夕日を見ることができた幸運を私は喜んだのですが、電車に乗っていた他の多くの人は夕日に気づくこともなく、眠っているか、スマートフォンの画面を見入っていました。日常生活でのこのような瞬間を見逃さなければ、マンネリに陥ったりすることはありません。

職場では毎日多くの人と出会います。たとえ何年も毎日のように顔を合わせている人でも、その人は前日会った人と同じではありません。自分もまた昨日の私ではありません。「今日初めてこの人と会うのだ」とは大げさに聞こえるかもしれませんが、そんなふうに思えたら、過去においてその人との間にあったいろいろないざこざは問題にしなくてもいいことに気づきます。

人もまた日々変わります。そう思えた時に、仕事の日も、日々同じことの繰り返しではなくなります。

明日は今日の延長ではない

今日は昨日の延長ではなく、明日も今日の延長ではありません。そのように思う人にとっては、そのようにしか見えなくなります。旅に出るなど何か特別な出来事があれば、その日は特別な日に思えるかもしれませんが、実際には、どんな日も特別な日です。

これから先四十年も同じ生活をするのは苦しいと自殺を試みた若者がいました。一年後ですら何が起こるか予想できない今の時代、後四十年同じ生活が続くと思ったこの若者にとって、毎日は前の日からの延長であり、明日も今日の延長だと思えたに違いありません。

もちろん、明日のことすらどうなるかわからない人生が安心して生きられるものではないというのも本当です。地震などの災害が起きないはずもなく、いつ何時地震が自分の住んでいる街を襲うか予測することはできません。

明日は地震が起きるのではないかと怯えて暮らすというのでは幸福に生きられないというのは本当ですが、この先、何の変化もない人生が待っていると思えるほど安泰な世の中ではありません。

若い人が人生設計をしていることに驚くことがあります。ある中学生は、どの高校に進学し、どの大学に入り、どの会社に就職するかまで決めていました。何歳で結婚するか、子どもを何人作るか、マイホームを何歳で建てるかも計画していました。

その中学生はこれから先の人生が見通せると思っているからこそ、これからの人生を計画、設計できるのでしょうが、思うように人生を生きられないことがあるかもしれないというようなことをまったく考えていないことに心底驚かないわけにはいきませんでした。

しかし、そういう私自身も高校生の時に、年表を作ったことがあったことを思い出しました。その年表では、四十歳で大学の助教授になることになっていました。実際には、その歳には私は精神科の個人医院に就職しました。若くして母と死別することなど、思いもよらないことでした。

第一章で見た、就職して生まれて初めて挫折した青年のことを思い出します。勉強ができ、受験で失敗することもなく、健康にも恵まれ、おそらくは容姿にも自信があれば、順風満帆な人生を送れると無邪気に信じることができたのでしょう。

なぜ先が見えると思えるかといえば、このような自信に加え、人生にうすぼんやりとした光しか当てていないということもあります。もしも強い光を今ここに当てれば、ほんの少し先も見えなくなります。

明日の自明性が揺らぐ

何らかの意味で人生に挫折した人であれば、先が見通せるとは思わないでしょう。私は何度も受験で失敗したことがあります。しかも、二十代でも何度か受験する機会があり、その受験で失敗すると、十代の頃とは違って、また来年受ければいい、急ぐことはないというようには思えず、もはややり直しがきかず、さりとて、これから別のことをすることも難しいと思って絶望的な気持ちになったものです。そういう経験をしたことがある人は、この先の人生が見通せるとは思わないでしょう。

病気になった人も同じです。病気になると、それまでは当然くるものと疑っていなかった明日という日は必ずくるという自明性が揺らいでしまいます。心筋梗塞で入院していた時、夜眠れないので、睡眠導入剤を処方してもらっていたのですが、この薬を飲めばこのまま二度と目を覚ますことがないのではないかと怖かったことをよく覚えています。

入院して間もない頃は、こんなふうに否定的な意味で明日の自明性が揺らぎました。しかし、やがて積極的な意味で（それがどういうことかは後に書きます）、明日がこないかもしれないことを受け入れることができるようになりました。病気になってよかったことはなかったのですが、もしも病気になっていなかったら学べなかったことの一つをあげるならば、時間についての見方が変わったということです。

霊感ではなく忍耐

文章を書く時は、最初はまだ影も形もありませんから、何を書くかを考えるところから始めなければなりません。何を書くか思いつかなければ、書き始めることはできません。ある雑誌にエッセイを毎月連載していますが、締め切りの日が近づくと、緊張してきます。

パソコンに向かって書こうにも何を書くか思いつかず、本を読んでみたり、部屋の中を歩いたり、横になったりします。そのうち、ふとこんなことを書いてみようと思いつくと、いよいよ書き始めます。うまく書ける時もありますが、そうでない時もあります。言葉を空中から網で捕まえてくるような気がします。

本を書く時であれば、くる日もくる日も粘り強く書き続けると、ある日、脱稿することができます。締切日が決まっていれば、それに間に合わすべく毎日、一生懸命書きますが、締切日に間に合わないこともあります。

ともあれ、書き始めた時には書き上げるまでにどれくらいの時間がかかるかは予想がつきません。どんなに頑張っても、一週間や二週間で書けるはずもありません。それでも、書き始めたら書き終わるまで書き続けるしかありません。どれだけの時間がかかるかはわかりませんが、書くことを断念しない限り、いつか必ず書き終わります。

仕事に着手するのは簡単ですが、毎日続けて完成まで持っていくのは難しいのです。

森有正がこんなことをいっています。

「灰色の陰鬱な日々に耐えることが出来なくてはならない。というのは、価値ある事が発酵し、結晶するのは、こういう単調な時間を忍耐強く辛抱することを通してなのだから」(『砂漠に向かって』)

よい作品が書けるのは、熱情や霊感によるのではないのです。このことを知っておけば、成し遂げるためには毎日忍耐強く取り組まなければならないのも仕方がないことがわかります。霊感にかられ、次から次へと書くことが頭に思い浮かび、あっという間に本を書き上げるというようなことはないと思っていれば、苦しい時に投げ出さずにすみます。

リルケは、一九一二年一月のある日、アドリア海に面したドゥイノの城のほとりにいました。外には風が吹き荒れ、太陽が銀色に覆われた紺碧の海を照らしていたその日、突然、風のうなりの中にリルケは声を聞いたのでした。「たとえ私が叫んでも、天使の系列から、誰が私の声を聴いてくれるだろう」。部屋に戻ったリルケはこの言葉と、その後生まれてきた二、三の詩句を書きつけました。夕方、第一の悲歌を書き上げました。しかし、リルケが『ドゥイノの悲歌』を完成させるには、その後なお十年の歳月を要したのでした。

終わらない仕事はない

翻訳の場合は、初めからゴールが見えます。毎日ノルマを決めて仕事に着手しても、本を書く時よりもさらにはっきりと完成までどれくらいかかるかがわかります。しかし、毎日確実に仕事ができればいいのですが、必ずノルマを達成できるとは限りません。

近年は講演会の後などにサイン会をすることがありますが、時に長蛇の列ができます。そんな時は列の最後を見ないようにしています。見ても早くサインを終えられるわけではありません。私にとってはサインを書く人は多いですが、サインを求める人にとっては私は一人です。大事なことは、一人ひとりと言葉を交わし、丁寧に名前を書くことです。

後何冊サインをしなければならないかというようなことは考えずに、一冊、一冊丁寧にサインをすれば必ず終わります。仕事もこれと同じように、その時々の仕事に集中して取り組めば、必ず終えることができます。

いつから仕事に着手すればいいか

「すぐに与える人は二度与える」というラテン語の諺《ことわざ》があります。メールを出した人はそれへの返事を受け取るだけでも嬉しいですが、その上すぐに返事がくれば、受け取ることに加え、早く返事がきたということで二度嬉しくなります。

私も可能な限り、先延ばしにしないで仕事をしようと心がけているつもりですが、身体は一つなので、すべての仕事を同時にできるわけではありません。

そこで、仕事に優先順位をつけなければなりません。何を優先するかを判断することは難しいのですが、何から始めるかを迷っているくらいなら、何でもいいのでやってみるというのは一つの考え方です。

優先度の低い仕事については いつから着手するかを決めます。そして、いつから着手するかを決めれば、その日まではその仕事のことは一切考えないのがコツです。

つまり、しなくてはいけないと思って実際にはできないのであれば、最初にいつから着手するかを決めておけば、まだ手をつけられていないと思って焦らないですみますし、着手できていないと自分を責めることはなくなります。

ただし、こういうことも、一度計画を立てたからといって律儀に必ず守らないといけないわけではありません。しなければいけないと思いながらしないで悩むくらいだったら、いつから手をつけるかを決めておき、それまでは悩まないのが賢明だということです。

もう一つの考え方としては、先にすべての仕事を同時にできるわけではないと書きましたが、他方、一日中、かつ長期的に同じ仕事をするということは実際にはないでしょう。

一冊の本だけを最後まで読み終えないと次の本を読まない人がいる一方で、同時にたくさんの本を読む人がいます。同時に複数の本を読んでも、混乱することはありません。それと同じように複数の仕事を同時に手がけることは、それほど難しいことではありません。私の場合は本の原稿を書くことは極度の集中力がいるので、他のことを何もしたくなくなることもありますが、疲れた時や行き詰まった時に、他のテーマについて考えて書いてみると思いがけず、もともとしていた仕事にも展望が開けることはよくあります。

一心不乱に

自宅の近くに仕事場を借りました。本を置くスペースがなくなってきたことや、取材にくる人が増えてきたので、私の狭い書斎では間に合わなくなったからです。

部屋を借りたのはそのためだけではありません。私は時間さえあればずっと仕事をしてしまうので、仕事とオフに区別をつけ、いわば、生活にメリハリをつけたいと思ったのです。

ところが、実際には、家に戻る時には必ずパソコンを持ち帰りますから、帰ってからも深夜まで仕事を続けることになり、生活にメリハリをつけるという当初の目標は達成できないでいます。

ともあれ、仕事というのは、時に時間を決め、計画的にするものではないともいえます。こんな話を思い出しました。

イタリア文学者の須賀敦子が、留学先のパリの大学寮で同室になったドイツ人、カティアは、エディット・シュタインの本を一心不乱に読んでいました。シュタインはフッサールの助手を勤めていたこともある哲学者ですが、やがてナチスのユダヤ人迫害が始まると同胞の救済を祈るために、修道女として生きる決心をしました。迫害が修道院にも及びそうになったので、オランダの修道院に身を隠しましたが、ついには秘密警察に捕らわれ、アウシュビッツのガス室で死にました。

シュタインは、ユダヤ人でありながらキリスト教を選んだのですが、ユダヤの血を受けているがために死ななければなりませんでした。須賀の同室のカティアは死後刊行されたこのシュタインの「気の遠くなりそうにぶあつい哲学書を、本に首をつっこむようにして、読みふけって」いました（『ヴェネツィアの宿』）。当時須賀よりもカティアは十二、三歳年上で四十歳近く、戦後すぐ勤めた公立中学校を辞めて大学に入り直していました。

カティアはいいました。

「しばらくパリに滞在して、宗教とか、哲学とか、自分がそんなことにどうかかわるべきかを知りたい。いまここでゆっくり考えておかないと、うっかり人生がすぎてしまうようでこわくなったのよ」(前掲書)

学生の頃、私は勤勉で、特に修士課程に入って研究者としての人生を生き始めた頃は、毎週、ギリシア語をたくさん読みました。英語よりも長い時間をかけて勉強した結果、英語よりもギリシア語の方が読めるのではないかと思ったことすらありました。

分厚いギリシア語の辞書を引きながら、プラトンやアリストテレスの著作を読んでいた頃のことを思えば、やがてギリシア語のテキストを読まなくなりましたが、それでも私はカティアや須賀と同じように、「うっかり人生がすぎる」ことを恐れていたので、一生懸命勉強をしました。

時間がないと強迫的な思いにとらわれていましたが、常勤の仕事に就くと、いよいよ時間がなくなり、身体を壊したことなどを理由に勤務していた精神科医院を辞めたことは先に書いた通りです。

このような生き方を間違っているという人もいますが、できる時にできることをするというのも一つの考えではあります。

トレーニングの日々

作家の辻邦生《つじくにお》は、「絶えず書く」ということを自分に課していました。一九五七年十月から一九六一年二月までパリに滞在しました。辻の『パリの手記』は、パリ到着前の一ヶ月の航海の時のことも詳細に記されています。

「私が『絶えず書く』ということを自分に課したのはいつ頃からであったかが、いまは正確に記憶はない。ともあれピアニストが絶えずピアノを弾くように、自分は絶えず書かなければならない――かつて私はそう考えそれを実践していたのであった」（『パリの手記』）

辻は相当な「書き魔」で、片時も文字を書いていないと生きていけない人だったと妻の辻佐保子は書いています（『辻邦生のために』）。

発表する機会があろうとなかろうと、ピアニストやギタリストが日々練習をするように、作家も常から書くトレーニングをすることは必要です。

しかし、絶えず書いていた辻は、音楽家が練習のために楽器を演奏するように、書くためのトレーニングとして書き続けたというよりも、先に引いたリルケの言葉を使うならば、書かずにはいられなかったのであり、書くことに喜びを感じていたはずです。
そのような喜びがなければ、書き続けることは難しいでしょう。

空費された時間

私は母の病床にいて、それまで何となく自分が送るつもりでいた人生から大きく逸れたということを先に見ました。それまでは、何の迷いもなく、演習や講読の準備をするために毎日、朝から晩までギリシア語の辞書を引く生活を送っていましたが、他のことにも関心が向くようになりました。仕事に就くと勉強する時間を見つけることは難しく、休みの日には翻訳の仕事をしましたが、そのことが上司の不興を買ったことも先に書きました。

しなければならない仕事が山積し、常々時間がないと思っていた私は「時間がない」が口癖になっていました。しかし、本当は、時間があろうとなかろうと、少しずつでも仕事を進めている時は、「時間がない」などとは思わないはずなのです。

その後、心筋梗塞で倒れ、幸い、生還した私は一日一日を決して空費することがないようと思って毎日を生きることになりました。

ドストエフスキーの『白痴《はくち》』に出てくる死刑囚は、ある朝の五時、まだ眠っている時に看守に起こされました。彼は役所の形式主義を当てにして、刑の執行はまだ一週間は先だろうと思っていたのでした。

「どうしたんだ?」

「九時過ぎに刑の執行だ」

男は思いました。

「それにしても、こんなに突然じゃ参るじゃないか……」

救急車で病院に運ばれ、心筋梗塞と診断された時に私が感じたのは、まさにこのことでした。

死刑囚は、ついに後生きていられる時間が五分ばかりであることがわかった時、この五分間が果てしもない時間で、莫大な財産のような気がしました。そこで、この時間を次のように割り振ることにしました。

まず、友だちとの別れに二分、最後にもう一度自分自身のことを考えるために二分、そして、残りの時間はこの世の名残に、あたりの風景を眺めるために充てることにしました。教会の金色の屋根の頂が明るい日光にキラキラ輝いているのを男は執拗《しつよう》に見ました。

いよいよ自分が死ぬことになった時、もっとも苦しかったのは、絶え間なく頭に浮かんできた次のような考えでした。

「もし死なないとしたらどうだろう！　もし命を取り留めたらどうだろう！　それはなんという無限だろう！　しかも、その無限の時間がすっかり自分のものになるんだ！　そうなったら、おれは一分一分をいちいち計算して、もう何一つ失わないようにする。いや、どんな物だってむだに費やしたりやしないだろうに！」

この考えが、ついには、激しい憤懣《ふんまん》の情になって早く銃殺されたい気にまでなりました。

この死刑は結局、執行されませんでした。死刑を免れた男は、その後、無限の時間が与えられ、どうしたか。いちいち時間を計算することなく、実に多くの時間を空費してしまったというのです。私にはこの発言は妙にリアリティが感じられます。

スイスの精神科医であるキューブラー・ロスは、死の淵から脱して寛解期に入った患者は、残りの時間がないと思っていた方が幸福だったといっていると報告しています（『ライフ・レッスン』）。人は物語が終わると消えてしまう映画やドラマの中の人物ではないのです。

私も退院後、最初の覚悟はどこへやら、多くの時間を空費したかもしれません。しかし、いちいち計算することなく生きられることが実に幸せなことだと思ったというのも本当です。

永遠の時間があるかの如く

しかし、時間を空費したというのも違うかもしれません。先にも引きましたが、リルケは次のようにいっています。

「しかし、夏は必ずきます。あたかも目の前には永遠があるかの如く、静かにゆったり構えている忍耐強い人のところには」

芸術作品は無理に急かしたりしたらだめで、成熟するまで抱懐して生み出すことがすべてであるとリルケがいっている箇所から引きました。

森有正はこのリルケの言葉を念頭に置いてこういっています。

「あわててはいけない。リールケが言ったように先に無限の時間があると考えて、落ち着いていなければならない。それだけがよい質の仕事を生み出すからである」（『日記』）

仏教学者の鈴木大拙《だいせつ》は、晩年、親鸞の『教行信証《きょうぎょうしんしょう》』の英訳に取り組みました。八十六歳の時にこの仕事の話が最初にきました。年譜によると、九十歳から着手された全六巻の英訳草稿が完成したのは九十一歳の時でした。鈴木は食事以外の時間は翻訳に取り組み、一日十ページのノルマを達成できなければ、その日は終わりませんでした。

秘書をしていた岡村美穂子はそのような様子を見て、本来の仕事や歳を省みることがないことにはらはらしながら時には腹を立てた、と書いています（『鈴木大拙とは誰か』）。

何が先生を動かすのか、それは一体何なのか、と思った岡村は、ある日、「先生、本願って結局どういうことですか」とたずねました。まさにその瞬間、申し分のない答えが現れました。

「ほうーら、美穂子さん、本願が上がって来たぞ」。大拙を動かしている本願力の働きそのものを見て岡村は圧倒されました。「私達の中にあって私達を生かしている力、それにもう一度気付かされて、そのことが本当の生きる喜びになる、それが本願力の働きだとおっしゃってくださいました」（前掲書）

本願力が、人を仕事へと向かわせるのであり、人はその力に抗うことができないといえます。そのような力に駆られて仕事に向かう時、その仕事は「天職」と感じられるでしょう。
鈴木もまた「永遠があるかの如く」翻訳の仕事に取り組んだに違いありません。

よく働いたか？

リルケや哲学者の森有正は、樹木が生長するような成熟、変容を問題にしています。本を読み、詩を書くというようなこと、リルケの言葉を使えば、「芸術家的に生きる」(künstlerisch leben) ことについて、リルケは若い詩人のカプスへの手紙で次のように書いています。
「そこでは時間で計るということはなく、一年でも計ることはできません。十年でもだめです。芸術家であるというのは、計算しないで、数えないで、木のように成熟するということです。木は樹液を無理に押し出しません。春の嵐の中で平然として、夏はこないのではないか、と不安に思ったりしないで立っています。しかし、夏は必ずきます。あたかも目の前には永遠があるかの如く、静かにゆったり構えている忍耐強い人のところには」(*Briefe an einen jungen Dichter*)
辻邦生は、このリルケの言葉は一九五七年、パリに滞在していた時に、もっとも自分を励ました言葉だったといっています（『薔薇《ばら》の沈黙』）。辻は当時、美の意味が摑めず、その根拠がはっきりとしないために、小説を書くことができないでいました。トーマス・マンに取り組んだり、くる日もくる日もプルーストを読み続けたりしました。

「しかしながら、それは知識を集めたり、感覚を楽しませたりするためではなく、そうした知的営為を経験することによって、自分自身が、前とは違った自分に変容することが問題だった」（前掲書）

そんな変容が一ヶ月や二ヶ月で起こるはずはありませんでした。後に辻は森有正の影響でリルケを読むようになりました。そして、小説修行はしないで、美の意味が見えてくるまで待ちました。

「リルケを読むこととパリの街や公園を独りで歩きまわることとはほとんど等質の意味を持っていた」（前掲書）

そんな時に辻が読んだのが、先に引いたリルケの手紙でした。

辻はここで「変容」という言葉を使っていますが、森有正はそれに対応するものとして「経験」や「変貌」という言葉を使っています。

森はノートル・ダム寺院の裏手に新しく植えられた菩提樹《ぼだいじゅ》の若木がいつの間にか大き

く成長していく様子を伝えています。その成長は毎日見ている目には少しも見えない。しかし、たしかに不断に成長しています。

セーヌ川を伝馬船がゆっくりと、目には見えないほどの速度で遡って行きます。それでも、船はいつの間にかはるか遠くに去って行きます。

「ノートル・ダムの苗木は知らぬ間に数倍に成長している。つい今しがた眺めていたのろのろと遡る伝馬船は、気のつかないうちに上流の視界の彼方に消えてしまう。それは実に深い印象を私に残す。それはまことに見れども飽かぬ眺めである。私の内部の何かがそれに呼応するからである」（『旅の空の下で』）

森は「物が移っていくという絶え間ない時間の働き」あるいは「変貌」が経験の本質的な要素で、ただ、経験があると安心していては「経験」は「体験」になってしまうといっています（『生きることと考えること』）。人はただ経験するだけでは何も学ぶことはできません。それなのに、経験したというだけで安心した人は、老人の繰り言のように同じ言葉ばかり語ります。

経験は絶えず変貌していきます。たとえ新しい偶然的なものによって引き起こされる変化がなくても、経験は変貌し続ける。固定化の傾向がある体験とは違って、経験は不断の変貌としていつも現在です（『旅の空の下で』）。

リルケにとって、待つことは、樹木が目に見えないところで樹液を送るように働くことでした。

辻によれば、このことをリルケはロダンから学びました。ロダンは会う人ごとにBonjour（こんにちは）といい、Avez-vous bien travaillé? とたずねました。「よく働きましたか」という意味です。

ロダンは休むことなく制作に励みました。リルケは目に見える形で仕事をしたわけではありませんでした。辻は、リルケにとって、仕事をするとは、夢想することであり、手紙を書くことであり、公園を散歩すること、旅をすること、図書館で読書に沈潜することだったといっています。

それは当時の辻にとっても同じだったでしょう。先にも見たように、辻は絶え間なく書く人でした。パリ滞在時の膨大な日記が残されています。日記を書くことは辻にとって間違いなく「仕事」でした。辻はリルケのような目に見える形ではない仕事について次のようにいっています。

「そこには、いわゆる知見を広め、情報を集めるということは一切なかった。あるのは樹木が成長するような形での成熟であり、変容であった」（辻邦生『薔薇の沈黙』）

知識はそれだけでは意味はありません。人間の魂に働きかけ、その人を変容させてこそ初めて意味があります。

「知識の量を誇ったり、きらびやかな概念語で〈理解〉を展開しても、すくなくとも芸術創造に関しては何ら積極的意味を持たない。芸術家にとって必要なのは、作品を産み出すことであり、それを可能にする創造母体を成熟されることのみである。そしてそれは沈黙のなかでしか行われない」（前掲書）

ロダンは「働くことが休むことである」かのように仕事をしました。ロダンを仕事へ駆り立てたものは何か。リルケは「生命」(la vie) だと答えました。万物の中に偏在し、万物に歓喜を与える生命です（前掲書）。la vie はもちろん「生きること」でもあります。働くことが生きることであり、生きることが働くことです。このように考えられる人にとって、目に見える形で仕事をするかどうかは大きな問題にならないでしょう。

後世への最大遺物

キリスト教思想家の内村鑑三は『後世への最大遺物』の中で、この世を去る時にこの地球を愛した証拠を残していきたい、生まれてきた時よりも少しなりともよくして逝こうじゃないか、といっています。何を残すか、残せるかは人によって違うでしょう。

何を残すかということで、まず、内村は「金」をあげています。お金は誰にでも残せるわけではありませんから、その意味で「最大」遺物ではありませんが、お金を儲けることは否定されていません。

「金儲けは、やはりほかの職業と同じように、ある人たちの天職である」

内村はここで「天職」という言葉を使っています。

「金を儲けることは己れのために儲けるのではない、神の正しい道によって、天地宇宙の正当なる法則にしたがって、富を国家のために使うのであるという実業の精神がわれわれのなかに起らんことを願う」

と内村はいっています。金を儲けることは、他の職業と同じように、ある人たちの「天職」だといっています。

金を貶めないという点で、内村は当時の他のキリスト者とは一線を画していますが、ただ金を稼げばいいというものではなく、何を目的に金を稼ぐかということを問題にしています。

内村は、アメリカの金融業者、ジェイ・グールドの名をあげています。グールドは四人の親友を自殺させ、あちらの会社を引き倒し、こちらの会社を引き倒して二千万ドル貯めました。

しかし、そのように貯めた金を慈善のために使うことはなく、ただ自分の子どもにだけ分けて死んだのです。お金を貯めるだけではなく、それを使う力がなければならないのです。

内村は続けて、「事業」「思想」を遺物としてあげます。事業は金を使うことです。最初にあげられた「金」も含めて、これら三つは「働くこと」あるいは、働くことによって得られた成果です。内村は、これらを後世に残す価値のあるものと見ています。

しかし、これらのものは誰でも残せないという意味で「最大」のものではないと考えています。それでは「最大」の遺物は何か。内村は次のようにいっています。

「私が考えてみますに人間が後世に遺すことのできる、ソウしてこれは誰にも遺すことのできるところの遺物で、利益ばかりあって害のない遺物がある。それは何であるかならば勇ましい高尚なる生涯であると思います」（前掲書）

「勇ましい高尚なる生涯」とは何か。これは、今が神が支配する世の中で、失望の世の中、悲嘆の世の中ではなく、歓喜の世の中であるということを信じ、この考えを生涯において実行し、その考えを「世の中の贈物」としてこの世を去るということです。

しかし、内村のいうような勇ましい高尚なる生涯でなくても、後世の人に、何らかの仕方で自分が生きていたということを伝えることはできます。働くことで何か形（金、事業、思想）を残すことはできるでしょうが、形として何も残されていなくてもいいということです。働くこと自体よりも、働くことも含めた生にこそ価値があるのであり、働くことがそのまま生きることといえます。

さらにいえば、失意の底にある人も、先人がどんな風に課題に立ち向かいそれを解決するに至ったか、先人が自分と同じ苦難から立ち上がったことを知れば、生きる意欲を取り戻すことができるようになるかもしれません。

アドラーは

「勇気は伝染する」

といっています（*Adler Speaks*）。

しかし、同時に臆病も伝染するといっています。課題を前にして怯《ひる》む人は臆病な人です。そのような人の生き方も後世に伝わりますが、それもまた後世の人に貢献することになります。

不死の形

古代ローマの哲学者、政治家であるキケロは、スターティウスの「次の世代の役立つように木を植える」という言葉を引いています（『老年について』）。今日、種を蒔《ま》いても、結果を自分で見ることはできません。しかし、後世に何かを残すことが、不死を約束します。

アドラーは、時間は有限であり、人生の最後には必ず死がくるが、それでも、共同体から完全に消え去ることを願わない人に不死を約束するのは、「全体の幸福に貢献すること」であるといっています。そして、このことの例として、子どもと仕事をあげています（*Superiority and Social Interest*）。

これらは内村の言葉でいえば後世への「遺物」ということになりますが、アドラーが子どもと仕事を「全体の幸福に貢献すること」の例としてあげられていることに注目できます。アドラーが「結婚はつまるところ人類のためになされる」（『個人心理学講義』）といっているのは、結婚することで生まれる子どもが貢献することを念頭に置いていっていることがわかります。

本書のテーマである働くことも、アドラーによれば「全体の幸福に貢献すること」なのですから、働くことでただ私腹を肥やすというのでは駄目だということです。

キケロが引くスターティウスも木を植えるのは「次の世代に役立つように」であるといっています。今種を蒔いても自分が決して見ることがない仕事に農夫は毎日せっせと励みます。

「まことに、農夫なら、どれほど年老いていようが、誰のために植えるのか、と尋ねられたら、ためらわずこう答えるであろう、

『不死なる神々のために。神々は、私がこれを先祖から受け継ぐのみならず、後の世に送り渡すようにとも望まれた』」（キケロー『老年について』）

かくて、木々は子々孫々に伝わっていきます。

死の恐れにとらわれている人は、自分が死んでからのことなど考えないでしょう。それは、死を恐れているからというよりも、そのような人の生き方が基本的に自己中心的なものだからです。

人生のための芸術

イギリスのチェリストであるジャクリーヌ・デュ・プレが腕や指などの感覚に異常を感じるようになり、多発性硬化症の診断が下されたのは、二十八歳の時でした。多発性硬化症に罹患したということは、チェリストにとっては、音楽生活が短命に終わることを宣告されたに等しいことでした。

彼女が残したエルガーのチェロ協奏曲（バルビローリ指揮、ロンドン交響楽団）は、技巧があれば弾けるというような曲ではありませんから、歳を重ねてデュ・プレがさらに円熟味を増していったらどんなふうになっていっただろうと思います。

発病後はチェリストとしての活動ができなくなりました。しかし、悲運は彼女を打ちのめしませんでした。かつてのようなチェリストとしての活動はできなくなりましたが、打楽器奏者として舞台に立ったことがありました。プロコフィエフの『ピーターと狼』の朗読者を務めたこともありました。

天才チェリストとしての業績は音楽史に残るものですが、それ以上に、原因も治療法もわかっていない病気に屈することなく人生を生き抜いたことこそが後世に残り、多くの人の心を打つのではないかと私は思います。

その意味で、デュ・プレの人生そのものが「後世への最大遺物」だったのです。「芸術のための芸術」と「人生のための芸術」という言葉があります。デュ・プレの人生は、「人生のための芸術」を具現するものだといっていいでしょう。

芸術家自身は自分の仕事を天職だと思い、それによって誰かから評価されたり、もとより収入を得たりすることを少なくとも最優先の目標にするということはないでしょうが、芸術を享受する人は芸術家の生き方からこそ学ぶことが多々あります。

アドラーは次のようにいっています。

「天才は、何よりも最高に有用な人である。芸術家であれば、文化にとって有用であり、あまたの余暇の時間に輝きと価値を与える。そして、この価値は、本物であり、単なる空虚な輝きを放つものではなく、高度の勇気と共同体感覚的直感に依存している」（『人はなぜ神経症になるのか』）

イギリスの精神科医のレインが自伝の中で、デュ・プレに触れています。デュ・プレは、発症一年後には両腕の共同作業能力を永久に失ったかのように見えました。

ところが、ある日、目が覚めたら奇跡的に両腕とも使えることに気づきました。この回復は四日続きました。その間、何曲かの記念すべき録音演奏をやり遂げました。長くチェロの練習をしていなかったにもかかわらずです（『レイン　わが半生』）。

レインは器質性の損壊は逆転不能（元の状態まで回復することができないという意味）と考えられていることの反証としてこのデュ・プレのケースをあげているのですが、このこととは違うことに注目することができます。

自分でも回復することは予期していなかったのではないかと思います。ある朝、両腕の機能が回復していることに気づいた時も、その回復が何日続くかわからなかったに違いありません。結果的には四日続いたということでしかありません。

それにもかかわらず、この機会を逃すことなく、チェロを演奏し録音したのでした。これはデュ・プレの生きる姿勢そのものだといえます。

彼女にとって音楽は自分のためのものではなかったでしょうし、その才能を自分が優れていることを誇示するために使ったわけでもありません。音楽家であることを天職として認識していたデュ・プレは、この奇跡の四日間に自分の演奏を後世のために録音しようと思ったのです。

デュ・プレが長い闘病生活の後に亡くなったのは四十二歳のことでした。

遊びとしての仕事

『かもめのジョナサン』で一世を風靡《ふうび》したリチャード・バックが「今、本当にしたいことをしているか」と登場人物の一人に語らせています。もしもこの問いに否と答える人はなぜしたいことができないのか考えなければなりません（『翼にのったソウルメイト』）。

中学生の時に技術家庭という教科がありました。担当教師がずいぶんと変わった人であの時代（一九八〇年代）であればこそ、あのような先生が教壇に立てたのではないかと後々折に触れて思い出すのですが、その先生がある日真っ当な（と思いました）問いを生徒に突きつけました。

儲かる仕事か、好きな仕事か、どちらかを選ばないといけないとすればどちらを選ぶかという問いでした。当時はもちろん誰も働いていたわけではありませんから、中学生がこの問いを考える時に具体的なイメージを持てたとは思いません。

私は教師の問いかけに迷いもなく好きな仕事を選ぶだろうと思いましたが、そんなことを大人にいえば現実を知らないというようなことをいわれるかもしれないと思いました。しかし、先生も「好きな仕事を選びなさい」といいました。たとえ給料がたくさんもらえても、好きでもない仕事であれば苦痛で仕方がないというのが理由でした。

もしも好きなことをしているのであれば、たとえ最初は儲からなくても好きな分頑張れるわけですから、やがて経済的に報われることもあるかもしれないというようなことを、その時先生は話したと記憶していますが、経済的に報われるかどうかは誰にもわかりません。それでも芸術と同様、働くことも内発的な促しによってされるのであれば、働く時の姿勢は変わってくるでしょう。

後に、心筋梗塞になって冠動脈バイパス手術を受けました。私の執刀医は激務であるにもかかわらず、病院のスタッフがその医師について、先生は病院を「遊び場」だと思っているらしいというのを聞いて納得したことがありました。半日以上の長時間にわたる大手術をこなす技量と体力を持った先生が、手術をしていない時には、患者や家族、また同僚と話すことを格別の楽しみにしているのを見て、あのように働き、かつ毎日を楽しめたらと思ったものです。

この医師は手術そのものも楽しんでいました。もちろん、人の生命がかかった手術ですから楽しむという言葉は適切ではないのかもしれませんが、手術が極度の緊張を要し、疲弊させるだけのものだとはその医師は思っていなかったはずですし、手術に真剣に取り組むことは必要でも、深刻な様子で執刀していたとは思いません。ですから、手術のストレス発散のために人との会話を楽しんでいたわけではなく、仕事であれ、それ以外の時の過ごし方であれ、生き方の姿勢が人生を楽しむことでした。

この医師に「今、本当にしたいことをしているか」とたずねる人があれば、ためらわず「している」と答えたことでしょう。

父が認知症を患い、私が家で父の介護をしていた頃に往診をしてもらっていた医師から、今の若い医師は楽な仕事に就きたがるという話を聞いたことがあります。彼自身は若い時何週間も家に帰れないような激務を続けていたので、何でもできるという自信がついたといっていました。

医師としての働き方は人様々ですが、医師の仕事は患者の生命を救うことが先決なので、自分のことばかり考えていてはいけないでしょう。今もこの医師は、求められれば深夜でも休みの日でも往診に駆けつけています。しかし、そんな生活を送っていても、悲愴感はなく、楽しそうにすら見えました。

この医師もまた「今、本当にしたいことをしているか」とたずねられたら、「している」と答えたことでしょう。

このように答えられるためには、一つには今の仕事が他の仕事をするためにやむを得ず、あるいは、心ならずもしなければならない仕事であってはならないということがあります。

「今」を楽しむ

もう一つは、これと関連して、「今」は他の時間の準備のためだと考えないということがあります。今、楽しめない仕事をしても意味はあるとは思いません。

今を楽しめる仕事というのは、楽な仕事であるということではありません。ちょうど自分について自分に価値があると思い、そんな自分を好きだと思えるためには、自分が誰かに何らかの形で役立っている、貢献していると思える。自分の仕事が誰かの役に立っていると思える時、自分のことを好きになれるのであり、そんな仕事であれば楽しむことができるのです。

しかし、あくまでも貢献感を持てることが重要なので、他者の犠牲になっているというのでは仕事を楽しむことはできません。他者に貢献する仕事は、犠牲という言葉からイメージされるような苦しい仕事であるというわけではありません。もしも、自分の仕事が、誰かの期待に応えるために選んだ仕事であれば楽しむことはできないでしょう。

人生設計をしなくなった

心筋梗塞で入院して間もない頃は、このまま眠ったら明日はこないのではないかと恐れたということを先に書きましたが、やがて明日のことを考えないで眠れるようになりました。

最初の頃の危機を脱して、少し落ち着くと、私は医師や看護師さんたちと話をすることが毎日の楽しみになりました。

そのうち、勤務が終わってからや、非番の日に病室に訪ねてくれる人もありました。長く話し込むようなこともよくありました。そんな時は自分が病気であることを忘れることができました。病者なので何もできないと思っていたのに、私が話すことで相手が抱えている問題を解決する糸口を見つける手伝いができたので、こんな私でも少しは役に立てていると思えました。

病気で倒れたことで皆に迷惑ばかりかけ、自分に価値がないと思っていたのに、そんなふうに思わなくていいのだと考えられるようになると、毎日満ち足りた気持ちで眠れるようになり、明日どうなるかということを考えないようになりました。

その後退院してからも、先の人生を計画することはできなくなりましたが、それはただ病気のためではなく、そうする必要を感じなくなったからです。

入院している時に、主治医が私に「本は書くといいです。あれは後に残りますし、達成感もあります」といったことは先に書きましたが、医師にいわれた通り、退院後は外での仕事ができなくなったこともあって、身体が許す限り、本を書いたり、翻訳をしたりして毎日を過ごしました。

いつの間にか多くの本を上梓《じょうし》しましたが、これは一冊一冊を丁寧に書いた結果でしかありません。できるものなら、これからも書き続けたいと思っています。

自分に価値があると思える勇気を持とう

先に、自分に価値があると思えたら、対人関係の中に入っていく勇気を持てると書きましたが、自分に価値があると思えることがすでに勇気のいることです。仕事の場面では、競争社会で生きてきた人にとっては、結果を出せないことは恐怖以外の何物でもありません。たとえ、競争に勝っていると思っている人であっても、いつ負けることになるかもしれないと思っていると安閑《あんかん》としていられません。

競争に勝てないと思った人は、最初から競争しようとしないかもしれません。他者との関係を競争と捉えることがすでに問題ではありますが、賞罰教育を受けてきた人がそのように思うことはありうることです。

仕事も、生きることも決して競争ではないということを知ることが最初に必要です。さらに、競争するのでなくても、人と関わることで何らかの摩擦が生じ、そのため傷つくことを恐れ、対人関係の中に入っていこうとしない人には次のことを知ってほしいと思います。

他者は隙があればあなたを陥れようとする強い人ではないということです。アドラーは、このような人を「敵」(Gegenmenschen) と呼んでいます。そうではなくて、他者は必要があればあなたを援助する用意がある「仲間」(Mitmenschen) なのです。「敵」「仲間」はそれぞれ原語では「人と人とが対立している」、「人と人とが結びついている」という意味です。たしかに、人と人が敵対し、時には戦うこともあります。しかし、そのようなことが人間の本来的なあり方だと思っている人は少ないのではないでしょうか。時に、感情的になって大きな声を出すことはあっても、そのようなことは例外的であると思います。

人は一人で生きることはできません。生まれたばかりの時のように、他者の援助がなければ片時も生きることは困難であるという状態からは脱するとしても、大きくなってから誰からの援助も受けずに生きられる人はありません。

そこで、自分も他者から援助を受けるけれども、援助を必要とする人があれば手を差し伸べるでしょう。他者はこのような意味で仲間なのです。このようなあり方こそ、人間の本来的なあり方だと見て、他者を仲間と見なし、その仲間としての他者に貢献することが、アドラーのいう「共同体感覚」という言葉の意味です。

働くことは、もっともはっきりとした他者貢献の方法ですが、本書で見たように、この貢献は必ずしも行為によってだけなされるものではありません。今は働けてもいつまでも働けるとは限りません。病気や加齢によって働けなくなった時であっても、人は生きていることでそのまま他者に貢献できます。

他方、目下、働ける人は、全力で働きましょう。いつか自分も世話をされることになるからと、肉親でもないのに、近所に住むおばあさんの世話をしている男性の話を聞いたことがあります。いつか世話をされることになるからというのは少し違うように思いますが、先に見た、働ける時に働こうと思って食事を作らない人を責めたりしないデイケアの事例のように、分業をして（この分業には、何もしない分業も含まれます）、できる人ができることをしていくようになれば、今よりは生きやすい社会になるでしょう。

おわりに

心筋梗塞で倒れたり、父の介護のためにあまり仕事ができない時期が長く続きましたが、この数年は生涯の他のどの時期よりも勤勉に働いています。高校の同窓会に行くと、還暦を迎えたということで、いよいよ人生の最終コーナーにさしかかったなどという話が出ます。定年退職や年金の話まで出てきます。そんな話を聞くと、退職する機会を逸してしまったと思ってしまうのですが、無位無官で今に至った私には、そもそも退職することもできないわけです。

私は働くことについては、他の人と比べて特異な人生を送ってきたように思ってきました。子育てに関わったり、親の看病をしたり、介護をしたりしました。しかし、私の人生が特異であると思ったのは、働くことについての世間の一般的な考えに照らせばそう思えたということでしかありません。どの組織にも所属しないで生きるということも今なら格別にめずらしいというわけではないかもしれません。

私は本書においては、働くということについて、狭い意味ではなく、歳を重ねたり、病気になったりして働けなくなった時のことまで視野に入れて、考察してみました。

通常の意味での働くということも、働けなくなった時のことを考えて、その意味を考えなければならないと思います。そこまで視野を広げて考えた時、働くことは生きるということと同義であり、生きることが幸福を目標にしているのであれば、働くこともそのことで不幸になるのであれば、それがたとえ巨万の富をもたらすものであっても見直さなければならないということです。

本書が成るにあたっては多くの人のお力添えをいただきました。とりわけ、編集長の黒田俊さん、編集担当の中嶌邦子さんにお世話になりました。本文にも書きましたが、この人となら一緒に仕事をしたいと思える人に出会えたことは幸いでした。ありがとうございました。

二〇一六年六月

岸見一郎

参考文献

Adler, Alfred. *Superiority and Social Internet, A Collection of Later Writings*, Ansbacher, Heinz L. and Ansbacher, Rowena R. eds., W. W. Norton, 1979 (Original: 1964).

Adler, Alfred. *Über den nervösen Charakter: Grundzüge einer vergleichenden Individualpsychologie und Psychotherapie*, Vandenhoeck & Ruprecht, 1997.

Adler, Alfred. *Adler Speaks: The Lectures of Alfred Adler*, Stone, Mark and Drescher, Karen ads., iUniverse, Inc., 2004.

Burnet, J. ed., *Platonis Opera*, 5vols., Oxford University Press, 1899-1906.

Rilke, Rainer Maria. *Duineser Elegien, Die Sonette an Orpheus*, Insel Taschenbuch, 1974.

Rilke, Rainer Maria. *Briefe an einen jungen Dichter*, Insel Verlag, 1975.

アドラー、アルフレッド『生きる意味を求めて』岸見一郎訳、アルテ、二〇〇八年

アドラー、アルフレッド『人間知の心理学』岸見一郎訳、アルテ、二〇〇八年

アドラー、アルフレッド『性格の心理学』岸見一郎訳、アルテ、二〇〇九年

アドラー、アルフレッド『人生の意味の心理学（上）』岸見一郎訳、アルテ、二〇一〇年

アドラー、アルフレッド『人生の意味の心理学（下）』岸見一郎訳、アルテ、二〇一〇年

アドラー、アルフレッド『個人心理学講義　生きることの科学』岸見一郎訳、アルテ、二〇一二年

アドラー、アルフレッド『人はなぜ神経症になるのか』岸見一郎訳、アルテ、二〇一四年
アドラー、アルフレッド『子どもの教育』岸見一郎訳、アルテ、二〇一四年
上田閑照・岡村美穂子編『鈴木大拙とは誰か』岩波書店、二〇〇二年
内田樹『内田樹の大市民講座』朝日新聞出版、二〇一四年
内村鑑三『後世への最大遺物・デンマルク国の話』岩波書店、一九四六年
エックハルト、ヨハンネス『エックハルト説教集』田島照久訳、岩波書店、一九九〇年
岡潔『春宵十話』角川学芸出版、二〇一四年
神谷美恵子『生きがいについて』『神谷美恵子著作集1』所収、角川書店、二〇〇二年
キケロー『老年について』中務哲郎訳、岩波書店、二〇〇四年
岸見一郎『アドラー心理学入門　よりよい人間関係のために』KKベストセラーズ、一九九九年
岸見一郎『不幸の心理　幸福の哲学　人はなぜ苦悩するのか』唯学書房、二〇〇三年
岸見一郎『よく生きるということ　「死」から「生」を考える』唯学書房、二〇一二年
岸見一郎『嫌われる勇気』ダイヤモンド社、二〇一三年
岸見一郎『アドラーを読む　共同体感覚の諸相』アルテ、二〇一四年
岸見一郎『生きづらさからの脱却』筑摩書房、二〇一五年
岸見一郎『老いた親を愛せますか？　それでも介護はやってくる』幻冬舎、二〇一五年
岸見一郎『100分de名著　人生の意味の心理学』NHK出版、二〇一六年
岸見一郎『幸せになる勇気』ダイヤモンド社、二〇一六年

岸見一郎『生きる勇気とは何か　アドラーに学ぶ』幻冬舎、二〇一六年
岸見一郎『人生に悩んだらアドラーを読もう。』幻冬舎、二〇一六年
ギトン、ジャン『私の哲学的遺言』二川佳巳訳、新評論、一九九九年
沢木耕太郎『246』新潮社、二〇一四年
篠田桃紅『一〇三歳になってわかったこと　人生は一人でも面白い』幻冬舎、二〇一五年
須賀敦子『ヴェネツィアの宿』白水社、二〇〇一年
芹沢光治良『人間の運命』新潮社、一九九四年
田辺聖子『花衣ぬぐやまつわる……』集英社、一九九〇年
辻邦生『薔薇の沈黙　リルケ論の試み』筑摩書房、二〇〇〇年
辻邦生『パリの手記I～V』河出書房、一九八四年
辻佐保子『辻邦生のために』新潮社、二〇〇二年
鶴見俊輔、瀬戸内寂聴、ドナルド・キーン『同時代を生きて』岩波書店、二〇〇四年
デュ・プレ、ヒラリー／デュ・プレ、ピアス『風のジャクリーヌ　ある真実の物語』高月園子訳、ショパン、一九九九年
ドストエフスキー『白痴』木村浩訳、新潮社、一九七〇年
中島義道『働くことがイヤな人のための本』新潮社、二〇〇一年
バック、リチャード『翼にのったソウルメイト』飯田昌夫訳、マガジンハウス、一九九三年
林京子『被爆を生きて　作品と生涯を語る』岩波書店、二〇一一年

フロム、エーリッヒ『生きるということ』佐野哲郎訳、紀伊國屋書店、一九七七年
フロム、エーリッヒ『愛するということ』鈴木晶訳、紀伊國屋書店、一九九一年
森有正『生きることと考えること』講談社、一九七〇年
森有正『いかに生きるか』講談社、一九七六年
森有正『バビロンの流れのほとりにて』『森有正全集1』所収、筑摩書房、一九七八年
森有正『旅の空の下で』『森有正全集4』所収、筑摩書房、一九七八年
森有正『砂漠に向かって』『森有正全集2』所収、筑摩書房、一九七八年
森有正『日記』『森有正全集13』所収、筑摩書房、一九八一年
湯川秀樹『旅人　ある物理学者の回想』角川書店、一九六〇年
ラエルティウス、ディオゲネス『ギリシア哲学者列伝　上・中・下』加来彰俊訳、岩波書店、一九八四年～一九九四年
リルケ『フィレンツェだより』森有正訳、筑摩書房、一九七〇年
リルケ『ドゥイノの悲歌』手塚富雄訳、岩波書店、二〇一〇年
レイン、R・D『レイン　わが半生　精神医学への道』中村保男訳、岩波書店、二〇〇二年
ロス、エリザベス・キューブラー『ライフ・レッスン』上野圭一訳、角川書店、二〇〇一年
『聖書』新共同訳、日本聖書協会、一九八九年

※本書は、二〇一六年七月二十日に刊行した岸見一郎著『アドラーに学ぶ よく生きるために働くということ』（小社刊）に加筆増補し、新版として刊行したものである。

岸見一郎（きしみいちろう）

哲学者。1956年、京都生まれ。京都大学大学院文学研究科博士課程満期退学（西洋哲学史専攻）。専門の哲学に並行してアドラー心理学の研究をしている。著書に『嫌われる勇気』『幸せになる勇気』（以上、共著、ダイヤモンド社）、『アドラー心理学入門』（KKベストセラーズ）、『生きづらさからの脱却』（筑摩書房）、『アドラー 人生を生き抜く心理学』（NHK出版）、『人生を変える勇気』（中央公論新社）、訳書にアドラーの『個人心理学講義』『人生の意味の心理学』（以上、アルテ）など多数ある。

ベスト新書
617

アドラーに学ぶ
人はなぜ働くのか

二〇二四年十二月五日　初版第一刷発行
二〇二四年十二月十日　初版第二刷発行

著者◎岸《きし》見《み》一郎《いちろう》

発行者◎鈴木康成
発行所◎KKベストセラーズ
東京都文京区音羽一―一五―一五
シティ音羽二階　〒112-0013
電話　03-6304-1832（編集）　03-6304-1603（営業）
https://www.bestsellers.co.jp

装幀◎フロッグキングスタジオ
編集協力◎梁木みのり
印刷製本◎近代美術株式会社
DTP◎株式会社アイ・ハブ

ISBN978-4-584-12617-2 C0211

ベスト新書 好評既刊

大学で何を学ぶか

「人生は運命でなく〝学び方〟で決まる。」学びの本質と指針がわかる不朽の名著。社会の荒波にもまれても意欲的に生き抜く術を教えてくれる！

加藤諦三

定価：本体900円＋税

カイロ大学〝闘争と平和〟の混沌《カオス》

なぜ乱世に強い人物を数多く輩出するのか？ エジプトの東大として知られるカイロ大学の思想と実学とは？ 世界最強の大学と言われる理由とは？

浅川芳裕

定価：本体1200円＋税

日本人に「宗教」は要らない

「この国の人々は日常生活の中で『禅』の教えを実践している！」ドイツ人禅僧が教える〝日本人の宗教観〟の凄さとは？

ネルケ無方

定価：本体741円＋税

「悟り」は開けない

「坐禅」をする本当の意味とは？ 〝ブッダの教え〟―その本質がわかる！曹洞宗の僧侶で、現在「恐山」院代を務める著者が綴った「アウトサイダー仏教論」。

南直哉

定価：本体815円＋税

人生にはやらなくていいことがある

家庭の不和、いじめ、出版差し止め裁判……壮絶な半生が教えてくれる、人生において「必要のないこと」とは？ 著者が初めて語った人生論。

柳美里

定価：本体780円＋税